Elsbeth Bihler

Symbole des Lebens – Symbole des Glaubens II

Elsbeth Bihler

Symbole des Lebens – Symbole des Glaubens

Band II: Wasser – Kreuz

Werkbuch für Religionsunterricht und Katechese

Lahn-Verlag, Limburg – Kevelaer

Die Deutsche Bibliothek – CIP-Einheitsaufnahme

Ein Titeldatensatz für diese Publikation
ist bei Der Deutschen Bibliothek erhältlich.

Wir danken den Autorinnen und Autoren sowie den Verlagen
für die uns freundlicherweise erteilten Abdruckgenehmigungen.

Gedruckt auf chlorfrei gebleichtem,
umweltfreundlichem Papier.

e verlags gruppe engagement

4. Auflage 2002

Lektorat: Dr. Stefan Ohnesorge
Umschlaggestaltung: Harald Gliesche
Umschlagfoto: Thomas Schneider, Mönchengladbach
Litho: Limburger Offsetdruck, Limburg
Notensatz: Nikolaus Veeser, Schallstadt
Satz: Schröder Media, Dernbach
Druck: Clausen & Bosse, Leck

ISBN 3-7840-3108-0

Inhalt

Erde

Berg

Baum

Weg

Kreuz

Vorwort

Menschen zu einem Leben aus dem Glauben zu befähigen, ist ein wichtiges Ziel von Katechese und Religionsunterricht. Wenn Menschen glauben wollen, müssen sie ihren Glauben kennen und die wichtigsten Glaubensaussagen wissen. Allein durch Wissensvermittlung kann es aber nicht gelingen, Menschen den Zugang zum Glauben zu eröffnen. Ein Glaube, der nicht auch im Alltag und im konkreten Leben erfahrbar wird, trägt nicht.

Damit Glaube tragfähig wird, müssen Menschen sensibel werden für ihre Umwelt. Sie müssen den Grund ihres Lebens aufspüren und Zeichen erkennen können, in denen ihnen Leben und Glaube erschlossen werden.

Eine wichtige Quelle für das Verständnis des Glaubens sind Zeichen, Bilder und Symbole, in denen etwas von der Wirklichkeit Gottes und seiner Beziehung zum Menschen aufscheint. Nicht zuletzt deshalb redet die Bibel an vielen Stellen in Bildern und Symbolen. Es handelt sich dabei meistens um Urbilder und Ursymbole, die den Menschen der damaligen Zeit zugänglich und verständlich waren.

Heute fällt es Menschen oft schwer, über alltägliche Dinge zu staunen und darin ihre eigene Lebenswirklichkeit oder gar eine Ahnung Gottes zu erkennen. Zeichen und Symbole unserer Gottesdienste z. B. werden oft nicht mehr verstanden. Was aber nicht verstanden wird und deshalb nicht mitvollzogen werden kann, wird uninteressant. Urbilder und Ursymbole, die in jeder menschlichen Kultur bisher eine wesentliche Bedeutung hatten, müssen daher wiederentdeckt und für die Menschen unserer Zeit neu erschlossen und erfahrbar gemacht werden.

»Symbole des Lebens – Symbole des Glaubens« will dazu einen praktischen Beitrag leisten. Es ist keine wissenschaftliche Ergründung von Symbolen beabsichtigt, vielmehr werden praktische Anregungen vermittelt, die helfen sollen, Menschen den Glauben über den Zugang der Symbole näherzubringen.

Bei dieser Erschließung geht es um die Einbeziehung aller menschlichen Ausdrucksformen in Wort, Bild, Lied, Tanz, Spiel und Aktion, aber auch um die Rückbindung an biblische Bezüge sowie Erfahrungen der Stille.

Jedes der vorgestellten Symbole bildet deshalb ein eigenes Kapitel und ist nach folgenden Abschnitten gegliedert:

1. Einführung in das Symbol
2. Biblische Bezüge
3. Geschichten/Texte
4. Lieder/Tanz und Musik
5. Bilder
6. Gestalten/Malen/Basteln
7. Stilleübungen
8. Spiel und Aktion.

Wegen der Fülle der Symbole und der Vielfalt der Ausdrucks- und Erfahrungsmöglichkeiten erscheinen die praktischen Anregungen in 3 Bänden.

Im nun vorliegenden zweiten Band geht es um das Element *Wasser* und damit verbunden um das Symbol *Schiff* (bzw. *Boot*), es geht um die *Wüste* als Lebenserfahrung, um die *Erde* und den *Berg*, um die Ursymbole des Lebens *Baum* und *Weg* und deren Verbindung im Symbol des *Kreuzes*.

Allen, die in Religionsunterricht und Katechese tätig sind, will dieses Werkbuch konkrete Möglichkeiten aufzeigen, die genannten Symbole für Kinder, Jugendliche und Erwachsene in vielfältiger Weise zu erschließen und erfahrbar zu machen.

Elsbeth Bihler

Wasser

1. Einführung in das Symbol

Kaum ein anderes Symbol ist so eng mit dem Leben verbunden wie das Wasser. Jeder weiß es: Ohne Wasser wäre kein Lebewesen existenzfähig – ob Pflanze, Tier oder Mensch.
Der größte Teil des menschlichen Körpers besteht aus Wasser. Jeder, der schon einmal durstig war, weiß, wie erfrischend und belebend ein Schluck Wasser sein kann. Zahllose Geschichten und Filme erzählen von dem Wasser, das Menschen in der Wüste zum Überleben brauchen. Das Vorhandensein oder Nicht-Vorhandensein sauberen Wassers hat schon oft über Sieg oder Niederlage in Kriegen entschieden.
Wasser ist die Lebenssubstanz schlechthin. Wir brauchen es täglich zum Trinken, Kochen und Waschen.
Die unterschiedlichen Erscheinungsweisen des Wassers, z. B. Tropfen – Regen – Quelle – Teich – See – Fluß – Wasserfall – Meer – Schnee – Eis, lassen das Wasser auch im übertragenen Sinn zum Symbol des Lebens werden, das seinen Weg vom Himmel als kleiner Tropfen beginnt und von der Quelle bis zur Mündung ins Meer fließt.
Schon ein altgriechischer Philosoph hat gesagt: »Alles Leben kommt aus dem Wasser.« In vielen Mythen der Völker ist von der »Urflut« die Rede, aus der das Leben geboren wird. Auch in der biblischen Schöpfungsgeschichte wird von der »Urflut« erzählt (Genesis 1).
Wasser ist der Urstoff, das Symbol des Ungeformten. In den Schöpfungsmythen hat Wasser sowohl männliche als auch weibliche Züge. Es gilt als zeugend und als gebärend.
So wird der Regen z. B. als männlich angesehen, weil er die Erde befruchtet. Als männlich gilt auch das Meer, das in den Mythen als der alles verschlingende Todesdrache beschrieben wird, oder der gewaltige Fluß mit seinen Wasserfällen, der zugleich kraftvoll und bedrohlich erscheint. Die Mythen und Märchen erzählen von den Flußgöttern, die einen Fluß bewachen, besonders an den Furten. Der Fluß bildet in vielen Märchen und Sagen auch die Trennungslinie zwischen dem Land der Lebenden und der Toten.
Wasser wurde immer schon sowohl als lebenspendend als auch als bedrohend und vernichtend erfahren: Überschwemmungen des Nil z. B. stellten eine Gefahr dar, aber sie brachten auch die Fruchtbarkeit des Bodens.

Als weiblich angesehen wurden Quellen, in denen Leben aus der Erde hervorsprudelt, und Teiche, die in sich Leben tragen, so wie der Embryo im Mutterleib vom Fruchtwasser umgeben ist. Quellen, Grotten und Teiche wurden aber auch als unheimliche Orte erfahren, an denen Märchenfiguren wie Quellnymphen, Wassermänner, Elfen und andere Geister hausen.

Die Doppelgeschlechtlichkeit des Wassers spiegelt sich in der Personifizierung männlicher und weiblicher Wassergottheiten in vielen Religionen wieder.

Wasser als lebenspendendes Element zeigt sich im übertragenen Sinn in den vielen Heilquellen, die es bis heute gibt. Führte man Heilungen an solchen Quellen auf die Einwirkung Gottes bzw. heiliger Menschen zurück, so wurden sie zu Heiligtümern.

Als heilige Flüsse sind uns Jordan und Ganges bekannt, in denen der Mensch nicht nur äußerlich rein wird, sondern auch innere Läuterung erfährt. Die innere Reinigung durch symbolhafte, rituelle Waschungen ist in vielen Religionen belegt.

Im christlichen Kulturkreis ist die Taufe eine solche innere Reinigung. Frühe Taufriten, die auf die Taufpraxis Johannes des Täufers zurückgehen, erzählen vom Untertauchen des ganzen Menschen ins Wasser. Das symbolisiert den Abstieg in das Chaos, in die Welt des Todes, aus der man durch die Taufe auftaucht zu neuem Leben.

In der heutigen Liturgie finden wir die Wassersymbolik als Reinigungsritus noch bei der Taufe, der Weihe des Osterwassers und der Händewaschung des Priesters während der Eucharistiefeier.

Eng mit dem Symbol des Wassers verbunden ist das Symbol des Brunnens, aus dem das Wasser geschöpft wird. Sehr häufig taucht er in Märchen auf. Dort stellt der Brunnen vielfach die Verbindung zwischen der oberen Welt und dem Inneren der Erde dar, so z. B. im Märchen von »Frau Holle«. Durch diese Verbindung der Ober- und der Unterwelt wird der Brunnen auch zu einem Ort, an dem Geister und Feen hausen. Der Brunnen galt auch als ein Symbol der Fruchtbarkeit bzw. der Mütterlichkeit. Häufig fällt im Märchen etwas in den Brunnen hinein, und dadurch vollzieht sich Veränderung, so etwa im Märchen vom »Froschkönig«.

In vielen Dörfern und Städten waren die Brunnen, aus denen man lebenspendendes Wasser schöpfen konnte, die Orte der Begegnung. So begegnet z. B. Jakob seiner Frau Rahel am Brunnen; die Brüder Josefs werfen Josef in einen Brunnen und warten darauf, daß eine Karawane

vorbeikommt, um ihn zu verkaufen. Jesus begegnet der Frau am Jakobsbrunnen und spricht mit ihr über das Wasser des Lebens.
In neuerer Zeit wird das Symbol des Brunnens als ein Zugang zur eigenen, inneren Tiefe des Menschen angesehen.

2. Biblische Bezüge

(1) Wasser/Durst

Judit 7,8-15
Weisheit 11,5-14
Jesus Sirach 24,23-34

(2) Wasser als Bedrohung

Genesis 7,10 - 8,13
Exodus 14,15-30
Psalm 77,17-21
Psalm 124,4-5
Hoheslied 8,7
Habakuk 3,8-10

(3) Wasser des Lebens

Genesis 1,1-2.6-10
Exodus 2,1-10
15,22-27
Numeri 20,1-29
Psalm 104,3.9-10.25
Jesaja 41,17-18
Ezechiel 31,4-5.15
47,1-12
Johannes 3,5
4,13-15
5,1-18
7,37-38
19,33-35
2 Petrus 3,1-7
1 Johannes 5,6-8
Offenbarung 7,14-17; 22,1

(4) Wasser der Reinigung/Taufe

Exodus 30,17-21
Levitikus 14,1-9
Numeri 19,1-22
2 Könige 5,1-27
Judit 12,7-9
2 Makkabäer 1,30-36
Psalm 51,4
Matthäus 3,1-12
3,13-17
27,24
Markus 7,1-15
Johannes 13,1-15
Apostelgeschichte 8,26-40

(5) Quelle

Genesis 16,7
Deuteronomium 8,7
Josua 15,7.9
Ester 10,3a-c
Psalm 36,6-10
Hoheslied 4,12.15
Jakobus 3,10-12
Offenbarung 21,6

(6) Fluß

Genesis 2,10-14
32,23-33
Numeri 24,4-7
Psalm 46,5
72,4-8
Psalm 78,12-20
Kohelet 1,7
Jesaja 66,12-13
Jeremia 46,6-8
Daniel 10,4; 12,5-7

(7) Brunnen

Genesis 16,7-14; 21,14-19
24,10-21
26,12-22
29,1-14
37,23-28
Numeri 21,16-18
Sprüchwörter 5,15-19
Jeremia 14,1-9
38,1-6
Johannes 4,1-26

3. Geschichten/Texte

(1) Komm mit zur Quelle

Die kleine Quelle sprudelt zwischen den Steinen hervor. Wie froh ist sie, das Licht der Welt zu erblicken. Und was gibt es da nicht alles zu sehen.
Aus der Quelle wird ein Bach. Er schlängelt sich durch das Wiesengras, spielt mit den kleinen Fischen, läßt Blumen und Tiere trinken.
Der Bach wird zum Fluß. »Jetzt bin ich endlich erwachsen«, sagt er sich. »Zeit, daß ich vorwärts komme und Mühlen antreibe und Schiffe trage. Ich will mich tüchtig anstrengen.«
Aus dem Fluß ist ein großer Strom geworden. Brücken überspannen ihn, Städte stehen an seinem Ufer.

Eine Menge Schmutz und giftiges Wasser muß er schlucken. Manchmal wird er ganz krank davon.
Der Strom ist müde von seiner langen Reise. »Ich möchte endlich ausruhen«, denkt er. Was ist das? Das kann doch kein anderer Strom sein. Nein – das ist das Meer.
Das weite Meer nimmt den Strom in seine Fluten auf. Bedächtig ziehen die Wolken über die Erde, blicken auf die vielen Ströme, Flüsse und Bäche. »Wir waren einst, was ihr seid«, rufen sie herab. Und dann seufzen sie und regnen kräftig. Dicke Wassertropfen sammeln sich zwischen den Steinen.
Bald wird eine Quelle daraus.

Wolfgang Poeplau

Aus: Wolfgang Poeplau/Ludger Edelkötter, Komm mit zur Quelle.

(2) Sich verwandeln lassen

Ein Fluß wollte durch die Wüste zum Meer. Aber als er den unermeßlichen Sand sah, wurde ihm angst, und er klagte: »Die Wüste wird mich austrocknen, und der heiße Atem der Sonne wird mich vernichten.« Da hörte er eine Stimme, die sagte: »Vertraue dich der Wüste an.« Aber der Fluß entgegnete: »Bin ich dann noch ich selber? Verliere ich nicht meine Identität?« Die Stimme aber antwortete: »Auf keinen Fall kannst du bleiben, was du bist.«
So vertraute sich der Fluß der Wüste an. Wolken sogen ihn auf und trugen ihn über die heißen Sandflächen. Als Regen wurde er am anderen Ende der Wüste wieder abgesetzt. Und aus den Wolken floß ein Fluß, schöner und frischer als zuvor. Und der Fluß freute sich und sagte: »Jetzt bin ich wirklich ich.«

Gerhard Eberts

Aus: Gerhard Eberts, Jugendgottesdienste. Band 5: Die Heiligen der Kirche, 1983,

(3) Ein Becher Wasser

Wir brauchen nur den Kran der Wasserleitung aufzudrehen, schon haben wir Wasser. Das Wasser läuft, solange wir wollen. Wir können einen Becher mit Wasser füllen, einen Eimer, einen ganz großen Topf

und noch viel, viel mehr.
Wasser brauchen alle Menschen zum Leben.
Aber soviel Wasser wie bei uns gibt es nicht überall auf der Welt. In vielen Ländern regnet es wenig. Dort ist das Wasser so knapp, daß es eingeteilt werden muß. Jeder bekommt täglich nur eine Ration. Damit muß er sehr sparsam umgehen.
Einmal ging ein weiße Frau in Indien auf einer heißen, trockenen Straße. Die Frau war sehr durstig. Sie ging schon so lange in der Sonne. Die Zunge war trocken, und ihr Hals brannte. Sie hatte keinen Hunger, nur Durst.
Als sie zu einem Haus kam, ging sie hinein und bat: »Habt ihr etwas Wasser für mich? Ich bin so durstig!«
Der Mann im Haus meinte: »Das Wasser für heute ist fast alle. Aber ich gebe dir etwas, weil du so durstig bist.«
Er reichte der Frau einen Becher, der bis zum Rand mit Wasser gefüllt war. Die Frau trank den Becher leer und wollte das Wasser bezahlen.
Da meinte der Mann: »Wenn du Wein gewollt hättest, würde ich das Geld von dir nehmen. Doch Wasser bekommt von mir jeder, der durstig ist, solange ich selbst welches habe.«

Elinor Lange/Rolf Krenzer

Aus: Rolf Krenzer (Hrsg.),

(4) Das Wasser des Lebens

Es war einmal ein König, der war krank, und niemand glaubte, daß er mit dem Leben davonkäme. Er hatte aber drei Söhne, die waren darüber betrübt, gingen hinunter in den Schloßgarten und weinten.
Da begegnete ihnen ein alter Mann, der fragte sie nach ihrem Kummer. Sie sagten ihm, ihr Vater wäre so krank, daß er wohl sterben würde, denn es wollte ihm nichts helfen. Da sprach der Alte: »Ich weiß noch ein Mittel, das ist das Wasser des Lebens; wenn er davon trinkt, so wird er wieder gesund – es ist aber schwer zu finden.« Der älteste sagte: »Ich will es schon finden«, ging zum kranken König und bat ihn, er möchte ihm erlauben auszuziehen, um das Wasser des Lebens zu suchen, denn das könnte ihn allein heilen. »Nein«, sprach der König, »die Gefahr dabei ist zu groß, lieber will ich sterben.« Er

bat aber so lange, bis der König einwilligte. Der Prinz dachte in seinem Herzen: Bringe ich das Wasser, so bin ich meinem Vater der liebste und erbe das Reich.
Also machte er sich auf, und als er eine Zeitlang fortgeritten war, stand da ein Zwerg auf dem Wege, der rief ihn an und sprach: »Wo hinaus so geschwind?« »Dummer Knirps«, sagte der Prinz ganz stolz, »das brauchst du nicht zu wissen«, und ritt weiter. Das kleine Männchen aber war zornig geworden und hatte einen bösen Wunsch getan. Der Prinz geriet bald hernach in eine Bergschlucht, und je weiter er ritt, je enger taten sich die Berge zusammen, und endlich ward der Weg so eng, daß er keinen Schritt weiter konnte; es war nicht möglich, das Pferd zu wenden oder aus dem Sattel zu steigen, und er saß da wie eingesperrt.
Der kranke König wartete lange Zeit auf ihn, aber er kam nicht. Da sagte der zweite Sohn: »Vater, laßt mich ausziehen und das Wasser suchen«, und dachte bei sich: Ist mein Bruder tot, so fällt das Reich mir zu. Der König wollte ihn anfangs auch nicht ziehen lassen, endlich gab er nach. Der Prinz zog also auf demselben Weg fort, den sein Bruder eingeschlagen hatte, und begegnete auch dem Zwerg, der ihn anhielt und fragte, wohin er so eilig wollte. »Kleiner Knirps«, sagte der Prinz, »das brauchst du nicht zu wissen«, und ritt fort, ohne sich weiter umzusehen. Aber der Zwerg verwünschte ihn, und er geriet wie der andere in eine Bergschlucht und konnte nicht vorwärts und rückwärts. So geht's aber den Hochmütigen.
Als auch der zweite Sohn ausblieb, so erbot sich der jüngste, auszuziehen und das Wasser des Lebens zu holen, und der König mußte ihn endlich ziehen lassen. Als er dem Zwerg begegnete und dieser fragte, wohin er so eilig wolle, so hielt er an, gab ihm Rede und Antwort und sagte: »Ich suche das Wasser des Lebens, denn mein Vater ist sterbenskrank.« »Weißt du auch, wo das zu finden ist?« »Nein«, sagte der Prinz. »Weil du dich betragen hast, wie sich's geziemt, nicht übermütig bist wie deine falschen Brüder, so will ich dir Auskunft geben und dir sagen, wie du zu dem Wasser des Lebens gelangst. Es quillt aus einem Brunnen in dem Hofe eines verwünschten Schlosses; aber du dringst nicht hinein, wenn ich dir nich eine eiserne Rute gebe und zwei Laiberchen Brot. Mit der Rute schlag dreimal an das eiserne Tor des Schlosses, so wird es aufspringen; inwendig liegen zwei Löwen, die den Rachen aufsperren; wenn du aber jedem ein Brot hineinwirfst, so werden sie still, und dann eile dich und hol von dem Wasser des Lebens, bevor es zwölf schlägt,

sonst schlägt das Tor wieder zu, und du bist eingesperrt.« Der Prinz dankte ihm, nahm die Rute und das Brot und machte sich auf den Weg. Und als er anlangte, war alles so, wie der Zwerg gesagt hatte. Das Tor sprang beim dritten Rutenschlag auf, und als er die Löwen mit dem Brot besänftigt hatte, trat er in das Schloß und kam in einen großen, schönen Saal; darin saßen verwünschte Prinzen, denen zog er die Ringe vom Finger, dann lag da ein Schwert und ein Brot, das nahm er weg. Und weiter kam er in ein Zimmer, darin stand eine schöne Jungfrau, die freute sich, als sie ihn sah, küßte ihn und sagte, er hätte sie erlöst und sollte ihr ganzes Reich haben, und wenn er in einem Jahr wieder käme, so sollte ihre Hochzeit gefeiert werden. Dann sagte sie ihm auch, wo der Brunnen wäre mit dem Lebenswasser, er müßte sich aber beeilen und daraus schöpfen, ehe es zwölf schlüge. Da ging er weiter und kam endlich in ein Zimmer, wo ein schönes frischgedecktes Bett stand, und weil er müde war, wollte er erst ein wenig ausruhen. Also legte er sich und schlief ein; als er erwachte, schlug es Viertel auf zwölf. Da sprang er ganz erschrocken auf, lief zu dem Brunnen und schöpfte daraus in einem Becher, der danebenstand, und eilte, daß er fortkam. Wie er eben zum eisernen Tor hinausging, da schlug's zwölf, und das Tor schlug so heftig zu, daß es ihm noch ein Stück von der Ferse wegnahm.

Er war aber froh, daß er das Wasser des Lebens erlangt hatte, ging heimwärts und kam wieder an dem Zwerg vorbei. Als dieser das Schwert und das Brot sah, sprach er: »Damit hast du großes Gut gewonnen, mit dem Schwert kannst du ganze Heere schlagen, das Brot aber wird niemals all.« Der Prinz wollte ohne seine Brüder nicht zu dem Vater nach Haus kommen und sprach: »Lieber Zwerg, kannst du mir nicht sagen, wo meine zwei Brüder sind? Sie sind früher als ich nach dem Wasser des Lebens ausgezogen und sind nicht wiedergekommen.« »Zwischen zwei Bergen stecken sie eingeschlossen«, sprach der Zwerg, »dahin habe ich sie verwünscht, weil sie so übermütig waren.« Da bat der Prinz so lange, bis der Zwerg sie wieder losließ; aber er warnte ihn und sprach: »Hüte dich vor ihnen, sie haben ein böses Herz.«

Als seine Brüder kamen, freute er sich und erzählte ihnen, wie es ihm ergangen wäre, daß er das Wasser des Lebens gefunden und einen Becher voll mitgenommen und eine schöne Prinzessin erlöst hätte, die wollte ein Jahr lang auf ihn warten, dann sollte Hochzeit gehalten werden, und er bekäme ein großes Reich. Danach ritten sie zusammen fort und gerieten in ein Land, wo Hunger und Krieg war, und der König glaubte schon, er müßte verderben, so groß war die Not. Da ging der Prinz zu ihm und gab ihm das Brot, womit er sein ganzes Reich speiste und sättigte; und dann gab ihm der Prinz auch das Schwert, damit schlug er die Heere seiner Feinde und konnte nun in Ruhe und Frieden leben. Da nahm der Prinz sein Brot und Schwert wieder zurück, und die drei Brüder ritten weiter. Sie kamen aber noch in zwei Länder, wo Hunger und Krieg herrschten, und da gab der Prinz den Königen jedesmal sein Brot und Schwert und hatte nun drei Reiche gerettet. Und danach setzten sie sich auf ein Schiff und fuhren übers Meer. Während der Fahrt sprachen die beiden ältesten unter sich: »Der jüngste hat das Wasser des Lebens gefunden und wir nicht, dafür wird ihm unser Vater das Reich geben, das uns gebührt, und er wird unser Glück wegnehmen.« Da wurden sie rachsüchtig und verabredeten miteinander, daß sie ihn verderben wollten. Sie warteten, bis er einmal fest eingeschlafen war; da gossen sie das Wasser des Lebens aus dem Becher und nahmen es für sich, ihm aber gossen sie bitteres Meerwasser hinein.

Als sie nun daheim ankamen, brachte der jüngste dem kranken König seinen Becher, damit er daraus trinken und gesund werden sollte. Kaum aber hatte er ein wenig von dem bittern Meerwasser getrunken, so ward er noch kränker als zuvor. Und wie er darüber jammerte, kamen die beiden ältesten Söhne und klagten den jüngsten an, er hätte ihn vergiften wollen, sie brächten ihm das rechte Wasser des Lebens und reichten es ihm. Kaum hatte er davon getrunken, so fühlte er seine Krankheit verschwinden und ward stark und gesund wie in seinen jungen Tagen. Danach gingen die beiden zu dem jüngsten, verspotteten ihn und sagten: »Du hast zwar das Wasser des Lebens gefunden, aber du hast die Mühe gehabt und wir den Lohn; du hättest klüger sein und die Augen aufbehalten sollen – wir haben dir's genommen, während du auf dem Meere eingeschlafen warst, und übers Jahr, da holt sich einer von uns die schöne Königstochter. Aber hüte dich, daß du nichts davon verrätst, der Vater glaubt dir doch nicht, und wenn du ein einziges Wort sagst, so sollst du noch obendrein dein Leben verlieren, schweigst du aber, so soll dir's geschenkt sein.«

Der alte König war zornig über seinen jüngsten Sohn und glaubte, er hätte ihm nach dem Leben getrachtet. Also ließ er den Hof versammeln und das Urteil über ihn sprechen, daß er heimlich sollte erschossen werden. Als der Prinz nun einmal auf die Jagd ritt und nichts Böses vermutete, mußte des Königs Jäger mitgehen. Draußen, als sie ganz allein im Wald waren und der Jäger so traurig aussah, sagte der Prinz zu ihm: »Lieber Jäger, was fehlt dir?« Der Jäger sprach: »Ich kann's nicht sagen und soll es doch.« Da sprach der Prinz: »Sage heraus, was es ist, ich will's dir verzeihen.« »Ach«, sagte der Jäger, »ich soll Euch totschießen, der König hat mir's befohlen.« Da erschrak der Prinz und sprach: »Lieber Jäger, laß mich leben, da geb ich dir mein königliches Kleid, gib mir dafür dein schlechtes.« Der Jäger sagte: »Das will ich gerne tun, ich hätte doch nicht nach Euch schießen können.« Da tauschten sie die Kleider, und der Jäger ging heim, der Prinz aber ging weiter in den Wald hinein.

Über eine Zeit, da kamen zu dem alten König drei Wagen mit Gold und Edelsteinen für seinen jüngsten Sohn; sie waren aber von den drei Königen geschickt, die mit des Prinzen Schwert die Feinde geschlagen und mit seinem Brot ihr Land ernährt hatten und die sich dankbar bezeigen wollten. Da dachte der alte König: Sollte mein Sohn unschuldig gewesen sein? und sprach zu seinen Leuten: »Wäre er noch am Leben, wie tut mir's so leid, daß ich ihn habe töten lassen.« »Er lebt noch«, sprach der Jäger, »ich konnte es nicht übers Herz bringen, Euren Befehl auszuführen«, und sagte dem König, wie es zugegangen war. Da fiel dem König ein Stein von dem Herzen, und er ließ in allen Reichen verkündigen, sein Sohn dürfte wiederkommen und sollte in Gnaden aufgenommen werden.

Die Königstochter aber ließ eine Straße vor ihrem Schloß machen, die war ganz golden und glänzend, und sagte ihren Leuten, wer darauf geradewegs zu ihr geritten käme, das wäre der rechte und den sollten sie einlassen, wer aber daneben käme, der wäre der rechte nicht und den sollten sie auch nicht einlassen. Als nun die Zeit bald herum war, dachte der älteste, er wollte sich beeilen, zur Königstochter gehen und sich für ihren Erlöser ausgeben, da bekäme er sie zur Gemahlin und das Reich daneben. Also ritt er fort, und als er vor das Schloß kam und die schöne goldene Straße sah, dachte er: Das wäre jammerschade, wenn du darauf rittest, lenkte ab und ritt rechts nebenher. Wie er aber vor das Tor kam, sagten die Leute zu ihm, er wäre der rechte nicht, er sollte wieder fortgehen. Bald darauf machte sich der zweite Prinz auf, und wie der zur goldenen Straße kam und das Pferd den einen Fuß darauf gesetzt hatte, dachte er: Es wäre jammerschade, das könnte etwas abtreten, lenkte ab und ritt links nebenher. Wie er aber vor das Tor kam, sagten die Leute, er wäre der rechte nicht, er sollte wieder fortgehen. Als nun das Jahr ganz herum war, wollte der dritte aus dem Wald fort zu seiner Liebsten reiten und bei ihr sein Leid vergessen. Also machte er sich auf und dachte immer an sie und wäre gerne schon bei ihr gewesen und sah die goldene Straße gar nicht. Da ritt sein Pferd mitten darüber hin, und als er vor das Tor kam, ward es aufgetan, und die Königstochter empfing ihn mit Freuden und sagte, er wäre ihr Erlöser und der Herr des Königreichs, und ward die Hochzeit gehalten mit großer Glückseligkeit. Und als sie vorbei war, erzählte sie ihm, daß sein Vater ihn zu sich entboten und ihm verziehen hätte. Da ritt er hin und sagte ihm alles, wie seine Brüder ihn betrogen und er doch dazu geschwiegen hätte. Der alte König wollte sie strafen, aber sie hatten sich aufs Meer gesetzt und waren fortgeschifft und kamen ihr Lebtag nicht wieder.

Brüder Grimm

(5) Am Tag des Wassers

Der Tag des Wassers beginnt um acht,
da werden die Hälse saubergemacht,
die Ohren gewaschen, die Füße geschrubbt,
da wird geduscht und herumgehuppt:
Am Tag des Wassers muß das so sein;
da hilft kein Schrei'n!
Am Tag des Wassers zieh'n wir zum Bach,
der gluckert und plätschert. Das Rinnsal ist flach
und fließt über Steine und Kies zu Tal,
wir bauen Dämme und Wasserfall.
Am Tag des Wassers muß das so sein,
denn fließen ist fein!
Und wie hört der Tag des Wassers auf?
Ein zünftiger Regen nimmt seinen Lauf.
Es plätschert vom Himmel, die Erde wird naß.
Da freu'n sich die Bäume, da freut sich das Gras.
Am Tage des Wassers muß das so sein;
da nieseln sich Städte und Dörfer ein.
So ab und an ist Regen fein!

Bruno Horst Bull

(6) Das Märchen von Sadko

Im fernen Rußland, in der reichen Stadt Nowgorod, lebte einst ein Jüngling mit Namen Sadko. Er war nicht reich, brachte aber allen, wohin er kam, Glück und Freude. Sadko war Guslispieler, und die Gusli, seine Kniegeige, war sein einziger Besitz. Die Lieder, die er sang und spielte, rührten zum Weinen und lockten zum Lachen, stärkten die Seele und labten das Herz.
Überall, auf jedem Fest in Nowgorod, mußte Sadko spielen. Wo Sadko nicht war, fehlten die Lieder, und wo sie fehlten, trauerte das Herz. Und wenn es trauerte, wo waren dann die Gäste?
So lebte Sadko frei wie ein Vogel.
So ging es Wochen, Monate, Jahre, und Sadko litt keine Not.
Aber eines Tages kam auch zu Sadko die Sorge. Niemand wollte ihn mehr hören, niemand lud ihn mehr ein. Ganz Nowgorod hatte ihn plötzlich vergessen.
Sadko litt Hunger und Not. Mehr aber noch verdroß ihn, daß seine Gusli verstummt war und niemand seine Lieder mehr hörte, die ihm immer noch aus der Seele quollen. Und so ging Sadko eines Morgens aus der Stadt, er lenkte seine Schritte bis zu den blauen Wassern des Ilmensees. Dort setzte er sich auf einen weißen Stein am Ufer und nahm seine Gusli, die weiße. Und er spielte dem Wasser und spielte den Wellen, die von Ufer zu Ufer wogten und leise sich betteten auf dem weißen Sand rund um den See.
Sadko spielte am Morgen, am Mittag und am Abend, den ganzen Tag ließ er die Lieder erklingen, die aus seinem Herzen kamen. Zum Tanz spielte er auf und spielte auch traurige Lieder, sie strömten aus seiner Gusli und stillten den Schmerz in seinem Herzen.
Als dann am Abend die Sonne schlafen ging in den klaren Wassern des Ilmensees, brach eine Welle aus der Tiefe des Sees hervor, schäumend wie eines Pferdes Mähne. Sie umspülte Sadkos Füße und bedeckte seine Fersen mit Schaum. Sadko erschrak, fürchtete ein jähes Gewitter und rannte mit seiner Gusli zurück nach Nowgorod.
Am anderen Morgen wartete Sadko wieder vergebens, daß jemand ihn rief, seine Lieder zu spielen. Nur der Wind kam und wehte den Staub auf, fegte den Weg, den schon lange niemand mehr gegangen, den Weg zu Sadkos Haus.
Traurig ging Sadko aus der Stadt, lenkte seine Schritte bis zu den blauen Wassern des Ilmensees. Dort setzte er sich auf den weißen

Stein am Ufer und nahm seine Gusli. Und er spielte erneut dem Wasser und auch den Wellen, die von Ufer zu Ufer wogten und leise sich betteten auf dem weißen Sand rund um den See. Als dann die Sonne am Abend ihr Haupt verhüllte, brach eine Welle aus der Tiefe des Sees hervor wie eine riesige Hand, die sich zum Himmel erhebt. Sie wälzte sich über das Ufer, umspülte zu halber Höhe den Stein und bedeckte Sadkos Knie mit Schaum. Sadko erschrak bis ins Mark, sprang auf und rannte entsetzt heim nach Nowgorod.

Und es kam der dritte Tag. Wieder wartete Sadko, ob nicht jemand käme und ihn riefe zum Spiel. Aber niemand kam, nur der Wind spielte mit dem Kehrricht vorm Haus.

Traurig ging Sadko aus der Stadt, bis hin zum Ilmensee, der sich bis zum Horizont erstreckte mit seiner klarblauen Flut. Wieder setzte sich Sadko ans Ufer auf den weißen Stein und nahm seine Gusli. Wieder spielte er dem Wasser und den Wellen, die von Ufer zu Ufer wogten und leise sich betteten auf dem weißen Sand rund um den See.

Sadko spielte am Morgen, am Mittag und am Abend, den ganzen Tag spielte er seine Lieder, die ihm aus dem Herzen kamen und mit denen er einst die Menschen erfreut hatte. Traurig waren die Weisen und fröhlich, und sie stillten den Schmerz, den Sadko im Herzen trug.

Am Abend, als die Sonne müde zur Ruhe ging, brach aus der Tiefe des Sees eine Welle hervor gleich einem gläsernen Berg oder wie schweres Gewittergewölk und brandete über den weißen Stein. Bis zum Gürtel reichte sie Sadko und bedeckte seine Schultern mit Schaum. Entsetzen packte ihn, und er glaubte, sein Ende wäre gekommen. Er wollte schreien und sein Heil in der Flucht suchen. Doch die Füße versagten den Dienst, und er blieb reglos sitzen auf dem weißen Stein.

Da teilte sich das Wasser des Sees, als hätte ein Schwert es zerschlagen, und in der Kluft stand der schreckliche Zar Ilmen, der Herr des Sees, selbst und sprach zu Sadko:

»Gruß dir, Sadko, du trefflicher Guslispieler, und Dank, daß du meinen Gästen aufspieltest, die zum Fest bei mir weilten. Drei Tage währte unser Fest im See, und drei Tage hast du es uns verschönt. Eingeladen hatte ich dich nicht, doch scheint mir, daß du reichen Lohn verdient hast. Kehr wieder heim, Sadko. Morgen werden meine Boten kommen und dich zu einem Gastmahl laden, wie die Stadt noch keines gesehen hat. Alle Reichen der Stadt werden kommen und sich brüsten. Du, Sadko, sage nichts, tu so, als wärest du stumm. Sie werden dich fragen: ›Nun, und du, Sadko, hast nichts womit du dich

rühmen könntest?‹ Dann antworte ihnen: ›Ich kenne das Geheimnis des Ilmensees. In seiner Tiefe wohnt ein kostbares Fischlein, mit Schuppen aus reinem Gold. Wenn ich nur Lust habe, geh' ich zum See und fange das Fischlein, und wenn ich will, fange ich auch zwei oder drei und nehme sie mit nach Hause.‹ Niemand wird dir glauben. Jeder wird mit dir wetten wollen. Du, geh darauf ein und wette mit ihnen um all ihren Reichtum. Dann nimm das feinste Seidennetz und komm zum Ilmensee. Alle sollen dich begleiten. Rudere mit einem Fischerboot aufs Wasser und wirf das Netz in die Fluten. Dreimal ziehst du es aus dem Wasser. Bei jedem Male will ich dir ein Fischlein aus reinem Gold geben. So wirst du mit einem Schlag der reichste Mann in ganz Rußland. So will ich dich für dein Spielen belohnen.«
Der Seezar hatte zu Ende gesprochen, das Wasser schloß sich wieder über ihm, und der See lag still und ruhig da wie eh und je.
Wie träumend wandelte Sadko nach Hause, wo er den neuen Tag erwartete.
Am Morgen geschah alles genau so, wie es der Seezar vorausgesagt hatte: Sadko wurde zum Fest geladen. Und schließlich fragten sie ihn, und Sadko wettete mit ihnen. Sie zogen alle zum Ilmensee, und Sadko fischte drei goldene Fischlein aus dem See, wie es der Seezar gesagt hatte.
Sadko hatte die Wette gewonnen und war nun reich wie kein anderer. Er ließ sich einen Palast aus weißem Stein bauen, der von fern leuchtete wie die Sonne. Und als der Palast fertig war, führte Sadko eine Braut heim, schön wie die Morgenröte, und feierte Hochzeit.

Russisches Märchen

(7) Zwei Eisblöcke

Es waren einmal zwei Eisblöcke. Das Verhältnis zwischen ihnen war sehr kühl, was nicht verwunderlich ist. Der eine dachte: Warum kommt der andere nicht näher zu mir? Aber der Eisblock konnte nicht gehen und kommen. Da dachte der eine: Wenn der andere auftaut, dann taue ich auch auf. – Aber weil der Eisblock nicht von selbst auftaute, taute keiner von beiden auf.
So geschah es, daß niemand auf sie zukam, und jeder noch mehr in sich selbst vereiste. Nach Monaten – oder war es nach Jahren? –

entdeckte der eine Eisblock eines Mittags, als die Sonne strahlte, daß er schmelzen konnte, und er sah, daß er sich zu Wasser verflüssigte und daß er doch noch er selbst war. Auch der andere machte diese wunderbare Entdeckung. Über die ganz alltäglichen Wassergräben flossen sie aufeinander zu. Sie begegneten sich. Zwar spürten sie ihre Kälte noch, aber auch ihre Schwachheit und ihren guten Willen, ihre eigene Not und die von anderen. Sie fanden, daß sie einander nötig hatten und zusammenbleiben müßten.
Da kam ein Kind, und dann noch eins, und noch andere Kinder. Und die ließen kleine Schiffe auf dem großen, starken Wasser fahren. Sie hörten, daß die Kinder glücklich waren. Und diese Freude spiegelte sich wie eine Sonne im Wasser.

P. Cornelis

Aus: Willi Hoffsümmer, Kurzgeschichten 1, Matthias-Grünewald-Verlag, Mainz 13. Auflage 1992, Rechte unbekannt.

(8) Meeres Stille

Tiefe Stille herrscht im Wasser,
Ohne Regung ruht das Meer,
Und bekümmert sieht der Schiffer
Glatte Fläche rings umher.

Keine Luft von keiner Seite!
Todesstille fürchterlich!
In der ungeheuren Weite
Reget keine Welle sich.

Johann Wolfgang von Goethe

(9) Eine Fluterzählung der Kim in Zentraltogo

Im Anfang waren die Tiere immer mit Esso, Gott, zusammen und tranken stets an der gleichen Stelle Wasser. Eines Tages aber hatte Esso Streit mit dem Elefanten. Da ging Esso in den Himmel, und es regnete nicht mehr. Eine große Trockenheit trat ein, nichts wuchs mehr. Kaum gab es noch zu trinken, und es war eine große Not.
Alle Tiere kamen zusammen und sagten: »Es muß etwas geschehen, sonst werden wir alle sterben.« Weiter sprachen sie: »Wir müssen Esso bitten, seinen Zorn zu lassen und uns wieder Regen zu spenden.«

Nun sandten sie die Schwalbe zu Esso in den Himmel hinauf. Die Schwalbe kam zu Esso und sagte: »Es regnet nicht mehr. Die Felder vertrocknen. Es gibt kein Essen mehr. Viele sterben in dieser Hungersnot. Es gibt nichts mehr zu trinken. Viele verdursten.« Esso antwortete: »Es ist gut!« Und die Schwalbe kehrte zurück.
Esso ließ regnen. Es regnete so, daß die Bäche schwollen. Es regnete, daß die Flüsse schwollen. Alle Wiesen standen unter Wasser. Viele ertranken. Es regnete, es regnete, es regnete. Viele, viele starben.
Alle Tiere kamen zusammen. Sie sagten: »Es muß etwas geschehen, sonst werden wir alle sterben.« Weiter sprachen sie: »Wir müssen Esso bitten, seinen Zorn zu lassen und mit dem Regen aufzuhören.«
Wieder sandten sie die Schwalbe zu Esso in den Himmel hinauf. Die Schwalbe kam zu Esso und sagte: »Es regnet zuviel. Alle Wiesen sind überschwemmt. Viele, viele sind ertrunken. Laß es aufhören zu regnen.« Esso antwortete: »Es ist gut!« Und die Schwalbe kehrte zurück.
Esso ließ den Regen aufhören. Als die Schwalbe zurückkam, wollte sie im Ohre des Elefanten ihr Nest bauen. Doch der Elefant schüttelte den Kopf und sagte: »Laß das!« Darum bauen die Schwalben ihre Nester in den Häusern.

Aus: Rudolf Jockel (Hrsg.), Götter und Dämonen, Holle Verlag, Darmstadt 1953.

(10) Flutmythe der Inkas

Einst band ein Mann sein Llama auf einem guten Weideplatz an, aber das Tier wollte nicht fressen, sah traurig drein und wehklagte, indem es immer »yu, yu« schrie. Der Hirt, der gerade einen Maiskolben aß, bemerkte es, warf den Strunk nach dem Llama und sagte: »Dummkopf, warum klagst du und lässest dir nicht das Futter schmecken? Habe ich dich denn nicht auf eine gute Weide gebracht?« Das Llama erwiderte: »Tor! Was weißt du! Hast du etwa eine Ahnung von dem, was bevorsteht? Wisse, meine Traurigkeit hat gute Gründe. Fünf Tage lang wird das Meer ansteigen und die ganze Erde bedecken, und alles wird untergehen, was darauf lebt.« Der Mann war erstaunt, daß das Llama sprechen konnte, und fragte, ob es denn keine Rettung gäbe. Da sagte ihm das Llama, er solle ihm eilends auf den Gipfel eines hohen Berges namens Uillcacoto folgen und Nahrung für fünf Tage mitnehmen; dann werde er gerettet werden.
Der Mann tat, wie ihm gesagt, nahm seine Last auf den Rücken und gelangte mit dem Llama auf den Gipfel des Berges, wo sie bereits

viele verschiedene Arten von Vögeln und vierfüßigen Tieren versammelt fanden. Gerade als er und das Llama den Gipfel erreicht hatten, begann das Meer zu steigen, und die Gewässer füllten alle Täler und bedeckten selbst die Gipfel der Hügel und Berge, nur den Gipfel des Uillcacoto bedeckten sie nicht.
Aber die Tiere mußten sich dicht zusammendrängen, denn das Wasser stieg so hoch, daß einige von ihnen kaum Raum zum Stehen fanden. Unter diesen war der Fuchs, dessen Schwanz von den Wellen benetzt wurde, und das soll der Grund sein, warum die Schwanzspitze des Fuchses schwarz ist. Nach fünf Tagen begannen die Gewässer wieder zu sinken, und das Meer kehrte in seine alten Grenzen zurück. Aber die ganze Erde war ohne Menschen außer jenem Mann, von dem – wie es heißt – alle Menschen abstammen, die es heute gibt.

Aus: Rudolf Jockel (Hrsg.), a. a. O.

(11) Wie kann Wasser solch große Dinge tun?

Wasser tuts freilich nicht,
sondern das Wort Gottes,
so mit und bei dem Wasser ist, und der Glaube,
so solchem Worte Gottes im Wasser trauet.
Denn ohne Gottes Wort
ist das Wasser schlicht Wasser und keine Taufe;
aber mit dem Worte Gottes ists eine Taufe,
das ist ein gnadenreich Wasser des Lebens
und ein Bad der neuen Geburt im Heiligen Geist;
wie Paulus sagt zu Titus im dritten Kapitel:
Gott macht uns selig
durch das Bad der Wiedergeburt und Erneuerung
des Heiligen Geistes,
welchen er ausgegossen hat über uns reichlich
durch Jesus Christus, unsern Heiland,
auf daß wir durch desselben Gnade
gerecht und Erben seien des ewigen Lebens
nach der Hoffnung.
Das ist gewißlich wahr.

Martin Luther

(12) Der Sprung in den Brunnen

Da ging eines Tages der Knabe zu seinen Brüdern. Er sagte zu ihnen: »Gebt acht!« Ich will, daß wir zusammen einen merkwürdigen Ort aufsuchen.« »Wohin willst du uns denn führen?«, fragten die Brüder. »Ich will euch dahin führen, wo ihr die Wahrheit über euch selbst erfahren sollt.«
Die Brüder baten ihn: »Laß es doch sein, es lohnt sich nicht. Danke, wozu sollen wir schon wieder ausziehen?« Sie wollten nicht gehen. Der Jüngste aber bestand darauf. »Entweder kommt ihr mit, oder ich bringe mich um!« So zwang er sie, mit ihm zu gehen.
Sie gingen lange, und noch am selben Tag kamen sie zu jenem Brunnen. Der Jüngste sagte zum Ältesten: »Ich will dich anbinden und in den Brunnen hinunterlassen. Schau dir an, was es dort im Brunnen gibt.« Der Älteste fing zu weinen an. »Warum willst du mich in den Brunnen hinunterlassen?« Er hatte Angst, in den Brunnen zu gehen. Er bat um Gnade. Der Jüngste sagte zu ihm: »Bitte nicht um Gnade, wir müssen dorthin!« Er band ihm den Strick um und ließ ihn hinunter. Aber kaum war der Bruder ein paar Klafter tief, fing er zu schreien und zu weinen an – noch ein bißchen, und die Angst zerreißt ihn: »Ich sterbe!« Er war noch nicht einmal ein Viertel den Brunnen hinunter. Der Knabe zog ihn heraus, denn er sah, was für ein Mensch das war.
Dann kam der zweite. Der Knabe band auch ihn und ließ ihn hinunter. Kaum war er bis zur Hälfte des Brunnens gekommen, da begann auch er zu schreien vor lauter Angst: »Ich sterbe, ich sterbe!« Der Knabe zog ihn heraus.
Jetzt kam die Reihe an ihn. Er sagte: »Hört zu! Wieviel ich auch schreien und weinen werde, zieht mich nicht hoch. Laßt mich hinunter, bis ihr fühlt, daß der Strick leicht geworden ist.« Die Brüder fingen ihn zu bitten an: »Du bist unser Jüngster! Warum willst du von uns gehen?« Sie baten, er möge sie doch nicht verlassen, aber er wollte nicht auf sie hören. Da banden sie ihn und ließen ihn hinunter.

4. Lieder/Tanz und Musik

(1) Vom Wasser leben wir jeden Tag

T und M: Wolfgang Longardt

Spielanleitung:

Alle stehen im Kreis.

1. Zeile: Alle machen die Bewegung des Schöpfens und Trinkens.
2. Zeile: Alle stehen und lassen den Kopf hängen.
3. Zeile: Alle heben die Arme geöffnet nach oben.
4. Zeile: Alle spielen mit den Fingern, wie es regnet.

(2) Wasserquell

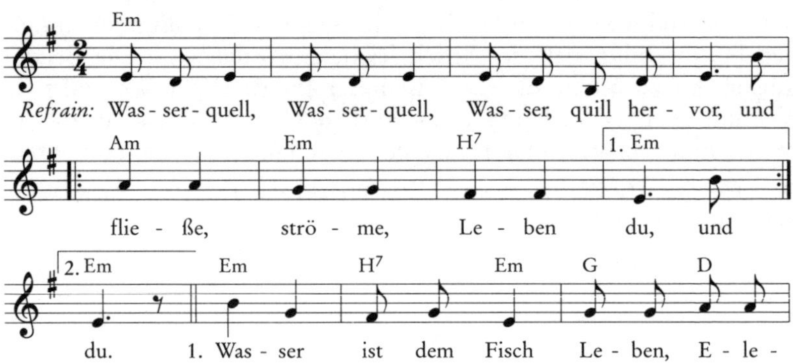

2. Alles, was da grünt, blüht und Frucht uns bringt,
   wächst, entfaltet sich, Wasser es durchdringt.
3. Wasser stillt den Durst, macht uns frisch den Leib
   und erfüllt uns neu mit Lebendigkeit.
4. In der Taufe wird Leben uns zuteil,
   Gottes Liebe und seine Kraft, sein Heil.
5. Aus dem Wasser und aus dem Heil'gen Geist
   sind wir neu geborn, Gott sei Lob und Preis.

T und M: Franz Kett

Tanzbeschreibung:

Schrittfolge (nur Refrain): Viertelnoten. Alle stehen im Kreis, die Hände durchgefaßt.

Takt 1+2: Vier Schritte in die Mitte (rechts beginnt).
Takt 3+4: Die Hände heben.
Takt 5-8: Acht kleine Schritte rückwärts nach außen.
Takt 5-8 (Wiederholung): Acht Schritte rechts herum im Kreis.

Strophen evtl. spielerisch nachempfinden.

(3) Ein Mensch, mit dem ich rede

2. Quelle, die für mich sprudelt, wenn ich verloren bin.
   Quelle, die für mich sprudelt, wenn ich verloren bin.

3. Quelle, die für mich sprudelt, wenn ich am Ende bin.
   Quelle, die für mich sprudelt, wenn ich am Ende bin.

4. Quelle, mit der ich fließe in den Strom zum neuen Land.
   Quelle, mit der ich fließe in den Strom zum neuen Land.

T: Hans-Jürgen Netz M: Ludger Edelkötter
Aus: Mensch gegen Mensch

Tanzbeschreibung:

Alle stehen sich zu zweit als Paare auf einer Kreisbahn gegenüber und reichen sich die rechte Hand.

Refrain:
Alle gehen im Takt weiter und begegnen so den anderen: Dem nächsten reichen sie die linke Hand, der folgenden die rechte Hand usw. Zum Ende des Refrains wenden sich die Paare der Mitte zu.

Strophen:
Die Paare gehen acht Schritte in die Mitte und heben dabei die Hände.
Acht Taktzeiten bleiben sie stehen und senken die Hände und den Oberkörper.
Acht Taktzeiten erheben sie sich wieder.
Acht Schritte gehen sie zurück auf die Kreisbahn und stehen am Schluß so wie zu Beginn.

(4) Wir fahren übern See

2. Wir fahren übern See,
und unser Herr schläft ein.
Wir fahren übern See.
Wie wird's da draußen sein?

3. Der Sturm zieht übern See.
Ein Unwetter geht los.
Der Sturm zieht übern See.
Wie schützen wir uns bloß?

4. Ein Sturm zieht übern See.
Die Welle schlägt ins Boot.
Ein Sturm zieht übern See.
So groß ist unsre Not!

5. So stürmisch ist der See.
Was wird mit uns geschehn?
So stürmisch ist der See.
Wir werden untergehn!

6. So stürmisch ist der See.
Wir fürchten uns so sehr.
So stürmisch ist der See.
»Wach endlich auf, o Herr!«

7. Ganz ruhig ist der See,
weil Jesus es so will.
Ganz ruhig wird der See,
und auch der Sturm wird still.

8. Wir fahren still dahin.
 Und Jesus zu uns spricht:
 »Wenn ich hier bei euch bin,
 dann fürchtet euch doch nicht!«

T: Rolf Krenzer M: Peter Janssens
Aus: Ich schenk' dir einen Sonnenstrahl, 1985

Dieses Lied kann gut mit Orff'schen Instrumenten begleitet werden, die das Rauschen des Sturmes, das Rudern, die Stille ... verdeutlichen.

(5) Wasser ist Leben

2. Auf der Suche nach dem Leben
 laßt uns in den Brunnen sehen.
 Was die Menschen dort erleben,
 kann auch unter uns geschehen.

3. Auf der Suche nach dem Leben
   laßt uns bei dem Brunnen bleiben.
   Was die Menschen dort erleben,
   kann auch unsre Angst vertreiben.

4. Auf der Suche nach dem Leben
   laßt uns an den Brunnen denken.
   Was die Menschen dort erleben,
   kann auch uns Vertrauen schenken.

5. Auf der Suche nach dem Leben
   wird uns Gott am Brunnen stärken.
   Er allein kann Leben geben.
   Hilf uns, Gott, daß wir es merken.

T: Reinhard Bäcker M: Detlev Jöcker
Aus: Heut ist ein Tag, an dem ich singen kann 2 (Liedheft und MC)

Tanzbeschreibung:

Schrittfolge: Viertelnoten.
Tanzform: Zwei Reihen, Frontalkreis, Flankenkreis.

1. Strophe:
Die beiden Reihen gehen aufeinander zu, mit vier Gehschritten und zwei Wiegeschritten (vor und rück). Einmal wiederholen. Die Reihen gehen gegeneinander und bilden einen großen Kreis.

Refrain:
1. Takt: Vier Schritte zur Kreismitte.
2. Takt: Vier Schritte wieder nach außen.
3. Takt: Vier Schritte zur Kreismitte.
4. Takt: Die Arme gestreckt nach oben führen.
5. Takt: Vier Schritte zurück zur Kreislinie (links beginnt).
6.-8. Takt: Links in Kreisrichtung: links, rechts kreuzt hinten, links, rechts kreuzt vorne ...
Takt 1-8 (Wiederholung): Hände zum Kreis durchfassen. In vier Schritten in Kreisrichtung nach rechts, Arme gestreckt nach oben nehmen, halbe Drehung über links und vier Schritte rückwärts die Arme senken. Dreimal wiederholen.

2. Strophe:
Takt 1-2: Vier Schritte auf der Kreisbahn, Wiegeschritt vor-rück.
Takt 3-4: Leicht vorbeugen, dabei acht Schritte gehen.
Takt 5-6: Hände lösen. Schöpfbewegung, Oberkörper langsam aufrichten, Arme nach oben nehmen.
Takt 7-8: Arme langsam vor dem Körper senken und Hände durchfassen zum Kreis, Front zur Kreismitte.
Refrain: Wie oben.

3. Strophe:
Takt 1-6: Vier Schritte nach rechts, Wiegeschritt vor-rück (dreimal wiederholen)
Takt 7-8: Front zur Kreismitte, Arme nach unten.
Refrain: Wie oben.

4. Strophe:
Takt 1-2: Vier Gehschritte nach rechts, Wiegeschritt vor-rück.
Takt 3-4: Handinnenfläche langsam an die Stirn legen.
Takt 5-6: Hand und Arme in einem großen Kreis über außen nach unten führen.
Takt 7-8: Front zur Kreismitte, Hände senken und zum Kreis durchfassen.
Refrain: Wie oben.

5. Strophe:
Takt 1-2: Vier Schritte nach rechts, Wiegeschritt vor-rück.
Takt 3-4: Front zur Kreismitte, Arme langsam gegenseitig auf die Schultern legen.
Takt 5-6: In dieser Fassung in langsamen Seitenschritten rechts, links kreuzt vorne, nach rechts gehen.
Takt 7-8: Hände nach oben führen, Handinnenflächen zusammen und langsam vor dem Körper herunternehmen.

Refrain:
Takt 1-12 wie oben, dann in vier Schritten zur Kreismitte, stehenbleiben und Arme nach oben strecken, halbe Drehung über rechts, die Hände in Gebetshaltung zusammenführen.

Elisabeth Fabry, Schwerte

(6) Songs

– Charles Trenet: La mer (Das Meer)
– Reinhard May: Abschied (Das Leben ist wie ein reißender Fluß)

(7) Wassertanz (Bändertanz)

Musik:
lebhaft im 4/4-Takt, auch Lied Nr. 5.

Tanzbeschreibung:
In der Kreismitte liegen Bänder in unterschiedlichen Blau-grau-weiß-Tönen sternförmig übereinander.
Alle stehen im Kreis, jeder nimmt das Ende eines Bandes in die rechte Hand und steht nun mit dem Gesicht zur Kreisbahn.

– Acht Schritte auf der Kreisbahn vorwärts gehen, die Bänder dabei ruhig halten.
– Acht Schritte weitergehen, dabei die Bänder in Hüfthöhe auf und ab bewegen. Am Ende die Bänder in die linke Hand nehmen und sich in die Gegenrichtung drehen.
– Acht Schritte in die Gegenrichtung gehen, dabei die Bänder hoch über den Kopf heben.
– Acht Schritte weitergehen, dabei die Bänder in Kopfhöhe auf und ab bewegen. Am Ende Drehung zur Ausgangsstellung.

(8) Al Achat (Wassertanz, Israel)

Tanzbeschreibung:
Schrittfolge: Viertelnoten.
Kreisform, Hände durchgefaßt, jeder hat ein Tuch in Wasser-Farben (blau-grün) in der rechten Hand (um die rechte Hand gewickelt).

– Sechzehn Schritte rechts im Kreis gehen.
– Acht Schritte in die Kreismitte. Acht Schritte wieder nach außen (wiederholen).
– Jeder tanzt für sich (sechzehn Taktzeiten).
– Acht Schritte in die Kreismitte, acht Schritte wieder nach außen (wiederholen).

(9) Musik

- Friedrich Smetana, Die Moldau
- Franz Schubert, Forellenquintett
- Claude Débussy, La mer
- Ludwig van Beethoven, Pastorale, Sinfonie Nr. 6, 2. Satz (Szene am Bach)

(10) Verklanglichung: Von der Quelle bis zur Mündung

Siehe Abschnitt 3 Nr. 1.

Der Weg des Wassers von der Quelle bis zur Mündung soll verklanglicht werden. Zunächst sollte ein Gespräch geführt werden, in dem man sich einigt, wie aus dem Wassertropfen eine Quelle, ein Bach, ein Fluß ... wird. Dann muß abgestimmt werden, wem oder welchen Dingen das Wasser in seinem Lauf begegnet. Anschließend werden zu den einzelnen Erscheinungsweisen des Wassers und zu den Dingen und Personen, die vorkommen, Klang- und Melodiefolgen auf den Instrumenten gesucht und schließlich alle Mosaiksteine zu einer »Wassergeschichte« zusammengesetzt.

(11) Verklanglichung: Sich verwandeln lassen

Siehe Abschnitt 3 Nr. 2.

Vorstellung:	**Verklanglichung:**
Fluß	*Arpeggio auf Stabspielen*
Wüste und Sand	*Reiben mit den Fingerkuppen und -nägeln auf Handtrommeln, Rasseln.*
Stimme	*Töne auf dem Glockenspiel*
Wolken	*leise Schläge mit Watteschlegeln auf Handtrommeln oder Pauken*
Regen	*Mit den Fingerkuppen auf Handtrommeln und Tische trommeln.*

(12) Verklanglichung unterschiedlicher Wasser-Fotos

Fotos unterschiedlicher Erscheinungsweisen von Wasser werden in die Mitte gelegt. Ebenfalls liegen in der Mitte Instrumente zum Verklanglichen. Leiter/in hebt ein Bild hoch und ein Teilnehmer oder eine Teilnehmerin geht in die Mitte und versucht, für diese Erscheinungsform des Wassers einen Klang zu entdecken, der dann von der Gruppe mitgespielt wird.

Zwischen den einzelnen Bildern und Klangbildern kann das Lied »Vom Wasser leben wir jeden Tag« (siehe Abschnitt 4 Nr. 1) als Kehrvers gesungen werden.

(13) Bilder zum Verklanglichen

Bilder werden miteinander betrachtet. Dann werden den Farben, Personen, Stimmungen, die das Bild ausstrahlt, Instrumente, Melodien, Klangbilder zugeordnet und gespielt.
Zum Verklanglichen eignen sich folgende Bilder (siehe Abschnitt 5):

- Thomas Zacharias: Durchzug durchs Schilfmeer
- Thomas Zacharias: Johannes der Täufer

5. Bilder

- Fotos von verschiedenen Erscheinungsweisen des Wassers (Tropfen, laufender Wasserkran/Schlauch, Quelle, Bach, Fluß, Meer, See ...)
- Bildmappe: Wen dürstet, der komme zu mir und trinke! Ich bin die Quelle des Lebens (verschiedene bildhafte Darstellungen von Wasser und Brunnen)
  RPA-Verlag, Landshut 1987.
- Misereor Hungertuch 1984: Lebendiges Wasser – Licht der Welt
- Misereor Hungertuch 1984 (Ausschnitt): Die Frau am Jakobsbrunnen
- Thomas Zacharias: Durchzug durchs Schilfmeer (Holzschnitt)
  Aus: Farbholzschnitte zur Bibel, Kösel-Verlag, München.
- Thomas Zacharias: Johannes der Täufer (Holzschnitt)
  Aus: Farbholzschnitte zur Bibel, Kösel-Verlag, München.

- Thomas Zacharias: Taufe Jesu (Linolschnitt)
  Aus: Bilder zum Glaubensbuch, Patmos Verlag, Düsseldorf 1983.
- Taufstein um 1100, Freudenstadt
  Aus: Diabücherei Christliche Kunst, Band 12, Verlag am Eschbach, Eschbach 1983.
- sog. Reichenauer Malschule: Der Zug der Getauften
  Aus: Alois Albrecht, Sinn erfahren aus dem Wort, Verlag Katholisches Bibelwerk, Stuttgart 1977.
- Fotos von unterschiedlichen Brunnen

6. Gestalten/Malen/Basteln

(1) Gestaltung der Mitte

- ein blaues Tuch
- mehrere Tücher in den Farben Blau/Grün/Türkis/Weiß/Lila
- ein Glaskrug mit Wasser auf einem blauen Tuch
- mehrere Bilder mit Wasserdarstellungen auf einfarbigem Untergrund
- ein Brunnen, aus blauem Tuch gelegt mit Steinen drumherum

(2) Ausgestaltung einer Kreismitte

Material:
eine gestaltete Mitte (siehe oben), Tücher in allen Farben, Tuchstreifen, Muscheln, Steine, Zweige, Bauklötze ...

Methode:
Die Mitte ist in einer Form wie oben beschrieben gestaltet. In einer Ecke des Raumes liegen die unterschiedlichsten Materialien bereit, diese Mitte auszugestalten, zu verändern.
Dazu werden erst einige Vorstellungen von Wasser und seinen Erscheinungsweisen geweckt, der Gestaltung der Mitte entsprechend (siehe Abschnitt 7). Gemeinsam sollen jetzt die Teilnehmer/innen diese Mitte nach dem, was sie in den Stilleübungen gesehen und empfunden oder sich vorgestellt haben, mit den bereitliegenden Materia-

lien weiter gestalten und zu einem großen Mittelbild formen. Dazu sucht sich jede/r sein/ihr Material aus und läßt sich durch das, was der/die Teilnehmer/in vor ihm/ihr gelegt hat, weiter inspirieren.

(3) Bilder nachmalen

Material:
Papier, Zeichenstifte/Malstifte/Kreiden in Farben aller Art

Methode:
Ein vorgegebenes Bild wird miteinander betrachtet, besprochen und dann mit Farben oder zeichnerisch nachgemalt bzw. nachgezeichnet.
Eine andere Möglichkeit, ein Bild zu erschließen, ist es, das Bild erst eine Weile (jede/r für sich) zu betrachten (evtl. mit leiser Musik) und es dann zu malen. Anschließend werden die Erfahrungen ausgetauscht.
Spannend und für das Gespräch anregend ist es, wenn der Auftrag gegeben wird, nicht das gesamte Bild nachzumalen, sondern nur das, was jedem persönlich am wichtigsten erscheint.

Folgende unter Abschnitt 5 aufgeführten Bilder eignen sich dazu, nachgemalt zu werden:
– Thomas Zacharias: Johannes der Täufer
– sog. Reichenauer Malschule: Der Zug der Getauften
– Thomas Zacharias: Durchzug durchs Schilfmeer

(4) Bilder malen zu einem vorgegebenen Thema

Material:
Papier, Zeichenstifte/Malstifte/Kreiden in Farben aller Art

Methode:
Eine Vorstellung vom Wasser wird durch Stilleübungen oder Aktionen geweckt, oder eine Geschichte, ein biblischer Text wird vorgelesen und besprochen. Dann wird zum Thema ein Bild gemalt. Folgende Themen, biblischen Texte, Geschichten und auch Lieder eignen sich zum Malen:
– Wasser
– Brunnen (Gen 7,10 - 8,13)
– Die Sintflut und Flutmythen (Abschnitt 3 Nr. 9 und 10)

- Durchzug durchs Schilfmeer (Num 14,15-30)
- Mose schlägt Wasser aus dem Felsen (Num 20,1-29)
- Johannes tauft im Jordan (Mt 3,1-12)
- Gott, die Quelle des Lebens (Psalm 36,6-10)
- Jakobs Kampf am Jabbok (Gen 32,23-33)
- Isaak begegnet Rebekka am Brunnen (Gen 24,10-21)
- Jeremia in der Zisterne (Jer 38,1-6)
- Das Gespräch am Jakobsbrunnen (Joh 4,1-26)
- Komm mit zur Quelle, als Leporello (Abschnitt 3 Nr. 1)
- Sich verwandeln lassen (Abschnitt 3 Nr. 2)
- Das Märchen von Sadko (Abschnitt 3 Nr. 6)
- Meeres Stille (Abschnitt 3 Nr. 8)
- Wasserquell (Abschnitt 4 Nr. 2)

(5) Reißbild: Durchzug durchs Schilfmeer (Gemeinschaftsbild)

Material:
große Papierbögen, viel buntes Papier, Tonpapier/Transparentpapier, Klebstoff

Methode:
Die Geschichte (Ex 14,15-30) wird vorgelesen und gemeinsam eine Skizze dazu entworfen. (Jede/r Teilnehmer/in kann auch erst eigene Skizzen entwerfen, die dann durch Entscheidungsprozesse der Gruppe zu einer Gemeinschaftsskizze führt.) Die endgültige Skizze wird auf einen großen Bogen Papier übertragen.
Dann wird die farbliche Gestaltung besprochen, und dementsprechend werden aus dem bunten Papier die Schnipsel gerissen und auf das große Bild geklebt.

(6) Wasserbild malen

Material:
Wasserfarben, saugfähiges Papier, Haarpinsel, ein Töpfchen mit Wasser

Methode:
Mit Wasserfarben werden frei improvisiert kräftige farbliche Kompositionen auf das saugfähige Papier gemalt. Dann werden dicke Haarpinsel in Wasser getaucht und über das Bild gehalten, so daß Wassertropfen darauf fallen, die Farben verwischen, die Tropfen sich ausbreiten und unterschiedlichste Formen bilden. Bei großflächigem

Papier ist es auch reizvoll, die Pinsel mit Wasser über dem farbigen Bild auszuschlagen, so daß sich mehrere Tropfen in einer bestimmten Richtung auf dem Bild verteilen.

(7) Malen nach Musik

Material:
Papier, Zeichenstifte, Malstifte/Kreiden in Farben aller Art

Methode:
Ein Musikstück (siehe Abschnitt 4 Nr. 9) wird in zwei Durchgängen abgespielt. Beim erstenmal wird nur gehört, beim zweiten Hören malt jede/r Teilnehmer/in ein Bild dazu.

(8) Collage: Wasser

Material:
ein großer Bogen Papier, Zeitungsausschnitte/Bilder, die mit Wasser zu tun haben, Klebstoff, Scheren

Methode:
Nach Überlegungen, wie sehr wir Menschen vom Wasser abhängig sind, wie wichtig es ist, ob Wasser verschmutzt oder sauber ist – evtl. unter Einbeziehung des Liedes »Vom Wasser leben wir jeden Tag« (siehe Abschnitt 4 Nr. 1) –, werden Bilder und Texte ausgesucht, die den Inhalt des Gespräches wiedergeben, Gegensätze aufzeigen ...
Diese Bilder werden auf einen großen Bogen Papier gelegt und so angeordnet, daß ein schönes, sinnvolles Gesamtbild entsteht.

(9) Naturcollage/Plastik

Material:
Dinge, die am Wasser (Bach/Meer/See/Fluß) gefunden werden

Methode:
Anläßlich einer »Wasserwanderung« (siehe Abschnitt 8) werden Dinge mitgebracht, die am Wasser gefunden wurden und in irgendeiner Weise direkt mit dem Wasser in Verbindung stehen (Dinge, die durch Wasser entstanden sind, die aus dem Wasser kommen, Angespültes ...). Diese werden zu einer großen Plastik (Gesamtskulptur) zusammengestellt, -gesteckt, -gestapelt, nebeneinandergelegt.

(10) Wasser fotografieren

Material:
Fotoapparat, Filme, evtl. verschiedene Objektive und Linsen

Methode:
Den verschiedenen Erscheinungsformen des Wassers vom Tropfen bis zum Meer nachspüren und versuchen, sie fotografisch festzuhalten.

(11) Brunnen basteln

Material:
Sperrholzplatte, Säge, Schrauben, Schraubenzieher, Ton, Steinchen, Rundhölzer, Eimerchen (von Spielfiguren), Bindfaden, Plastikschüsselchen

Methode:
Aus einem Sperrholzbrett wird eine Scheibe mit einem Durchmesser von 15 cm ausgesägt. Darunter wird eine Plastikschüssel geschraubt, die einen größeren Durchmesser hat als das gesägte Loch. Aus Ton, Lehm und Steinchen wird auf dem Rand des gesägten Loches nun ein 10 cm hoher und 3 cm dicker Brunnenrand geformt, in dem gegenüberliegend zwei Hohlräume von 1,5 cm Durchmesser gelassen werden. Zwei Hölzer werden auf 20 cm Länge geschnitten und auf einen Durchmesser von 1,5 cm gebracht. An einer Seite der Hölzer wird mit 2 cm Abstand ein Loch von 0,5 mm Durchmesser gebohrt. Die beiden Hölzer werden jetzt in die beiden Löcher des Brunnenrandes gesteckt, so daß die kleinen Löcher am oberen Rand sind. Jetzt wird ein Rundholz von 5 mm Durchmesser auf eine Länge von 19 cm gebracht und an einer Seite mit einem Rundholz versehen, das 3 cm lang ist und im rechten Winkel als Kurbel an dem großen Rundholz befestigt wird. Das große Rundholz wird durch die Löcher der beiden seitlichen Brunnenhölzer gesteckt. In der Mitte dieses Rundholzes wird an einem langen Bindfaden ein Eimerchen befestigt. Wenn man jetzt in die untere Plastikschüssel Wasser gießt und den Brunnen in eine Landschaft einbettet, kann man damit Wasser schöpfen.

(12) Wasserrad bauen

Material:
Rundhölzer, Sperrholzplatte, Brettchen, kleine Äste, Säge, Nägelchen, Astscheibe, Holzleim

Methode:
Ein rechteckiger Rahmen aus kleinen Ästen wird gefertigt und auf einem Holzbrettchen so befestigt, daß die hohe Kante senkrecht steht. Eine Astscheibe wird in der Mitte durchbohrt und ein kleines Rundholz durchgeschoben; so entsteht die Radachse. An den äußeren Rändern der Astscheibe werden kleine Löcher zum Einlassen von weiteren Rundhölzern gefertigt, die die Radspeichen bilden. Die Radachse wird in der Mitte des Rechtecks an dem durchgeschobenen Rundholz so befestigt, daß sich die Achse noch drehen kann. In die äußeren Löcher der Achse werden Rundhölzer gesteckt, die am äußeren Ende mit kleinen Brettchen versehen sind (den Schaufeln). Diese weisen mit der Fläche nach oben. Die Radspeichen werden durch Hölzer verbunden, damit das Rad an Stabilität gewinnt. Wenn man jetzt von oben auf das Rad Wasser laufen läßt, dreht es sich.

7. Stilleübungen

L = Leiter/in; TN = Teilnehmer/in(nen). Jede freie Zeile im Sprechtext bedeutet eine längere Sprechpause.

(1) Vom Wasser träumen

Die Mitte ist mit blauen Tüchern und/oder einer Schüssel mit Wasser gestaltet. Jede/r TN hat ein Blatt Papier und Stifte vor sich.

L spricht:
Wir haben die Mitte entdeckt und überlegt, wo uns Wasser begegnet. Jetzt wollen wir die Augen schließen und auf die Musik hören. Dabei träumen wir, daß wir mit dem Wasser fließen und stellen uns vor unserem inneren Auge vor, was wir sehen.

Ein Musikstück (siehe Abschnitt 4 Nr. 9) wird eingespielt.

L spricht:
Wir öffnen die Augen und malen auf das Blatt vor uns, was auf unserer Reise mit dem Wasser am schönsten war.

(2) Der Weg des Wassers

L spricht:
Wir schließen die Augen.

Wir sehen einen Strauch, an dem kleine Wassertropfen hängen.
Ein Tropfen ist besonders schön.
Er funkelt in der Sonne.
Wie ein Kristall sieht er aus.

Jetzt fällt er auf die Erde.
Mit ihm fallen viele Tropfen zur Erde.
Sie sammeln sich und werden zu einer Quelle.

Die Quelle sprudelt aus der Erde.
Sie wird zu einem springenden, fließenden Bach.

Der Bach mündet in einen Fluß.
Er wird aus vielen Quellen gespeist.
Der Fluß fließt träge dahin.
Die Sonnenstrahlen glitzern auf ihm.

An einer anderen Stelle beginnt der Fluß zu strömen.
Er wird wild und reißend.
Er springt über Steine und Felsbrocken.
Immer noch kommen andere Bäche und Flüsse hinzu.

Der Fluß wird breiter und breiter.
Er mündet in das große Meer.

Jetzt kann die Musik »La mer« von Claude Débussy eingespielt werden.

L spricht:
Unser Leben gleicht dem Weg des Wassers.
Es beginnt wie ein kleiner Tropfen.
Es fließt immer weiter.

Manchmal ist es ruhig, manchmal wild und schäumend.

Manchmal ist es klar und rein.

Manchmal ist es trübe und schmutzig.

Aber es fließt immer weiter.
Es fließt, bis es an sein Ziel kommt.
Was ist unser Ziel?
Wohin fließen wir?

Gemeinsam wird das Lied »Ein Mensch, mit dem ich rede« (siehe Abschnitt 4 Nr. 3) gesungen.

(3) Dem Regen lauschen

Miteinander an einem Regentag in den Wald in eine offene Schutzhütte gehen. Hier ganz still werden und dem Regen lauschen.
Oder bei Regen die Fenster weit öffnen und dem Regen lauschen.

(4) Der Brunnen

Die Mitte ist als Brunnen gestaltet (siehe Abschnitt 6 Nr. 1).

L spricht:
In der Mitte haben wir mit Steinen und einem blauen Tuch einen Brunnen nachgebildet.
Wir schauen uns diesen Brunnen einmal ganz gut an.
Jetzt schließen wir die Augen.

Wir sehen unseren Brunnen vor unserem inneren Auge.
Wo befindet er sich?
Vielleicht in einem Dorf in einem trockenen Land –
vielleicht auf dem Feld, um den Pflanzen Nahrung zu geben.

Brunnen – das bedeutet Wasser.
Das bedeutet Rettung in Dürre und Trockenheit.

Brunnen – das bedeutet auch Tiefe,
aus der das Wasser geschöpft wird.

Wir sind wie ein Brunnen.
Wir haben – in unseren Tiefen verborgen –
viele Dinge und Fähigkeiten, die wir schöpfen können.

Das Ausschöpfen unserer Tiefen
ist lebenswichtig, aber –
es ist nicht einfach.

L liest die Geschichte »Der Sprung in den Brunnen« (Abschnitt 3 Nr. 12) vor.

L spricht:
Der jüngste Bruder steigt in seine Tiefe hinab.
Was er wohl findet?

Was wir wohl in unseren Tiefen finden?

Jetzt kann das Lied »Wasser ist Leben« (siehe Abschnitt 4 Nr. 5) gesungen werden.

8. Spiel und Aktion

(1) Spiel: Fischer, Fischer, wie tief ist das Wasser?

Die Teilnehmer/innen stehen sich im Abstand von ca. 10 m gegenüber. Auf der einen Seite der »Fischer«, auf der anderen Seite alle anderen. Diese fragen nun gemeinsam: »Fischer, Fischer, wie tief ist das Wasser?« Darauf gibt der Fischer irgendeine Tiefe an (in m oder cm). Dann fragen die anderen: »Wie kommen wir hinüber?« Als Antwort sagt der Fischer irgendeine Fortbewegungsart, z. B. hüpfen, gehen, laufen, mit zwei Beinen springen, auf allen vieren ... In dieser bestimmten Fortbewegungsart bewegen sich nun alle auf den Fischer zu. Dieser wechselt ebenfalls die Seite und versucht dabei einen oder mehrere von den anderen zu fangen. Die Gefangenen sind beim nächsten Durchgang auch Fischer usw.

(2) Bewegungen des Wassers

In der Mitte des Raumes liegt eine große Plastikplane (nicht zu dünnes Material). Alle Teilnehmer/innen stellen sich um die Plane herum und fassen sie mit beiden Händen. Nun wird Musik eingespielt (siehe Abschnitt 4 Nr. 9). Die Teilnehmer/innen heben die Plane hoch und bewegen sie der Musik entsprechend mal ruhiger, mal heftiger ...

Anstelle der Plastikplane kann auch ein großes Tuch aus Taft in den Farben des Wassers genommen werden.

(3) Papptheater: Das Wasser des Lebens

Siehe Abschnitt 3 Nr. 4.

Material:
großer Pappkarton, großer Papierbogen, ein langes Rundholz, Pappe, dünne Rundhölzer, Schreibtischlampe, Stifte, Klebstoff

Vorbereitung:
Ein großer Karton wird als »Guckkastentheater« hergerichtet. Er wird auf eine Seite gestellt, so daß die offene Seite nach vorne zeigt und die Deckelpappen seitwärts stehen können. Oben wird ein Loch hineingeschnitten, durch das die Beleuchtung einfallen kann, die Kulissen gewechselt werden und die Spielfiguren die Bühne betreten können. Zu jeder unterschiedlichen Szene wird eine eigene Kulisse auf weißes Papier gemalt, in der Größe der Rückwand des Papptheaters. Andere Kulissen werden aus Pappe hergestellt und in die Bühne gestellt (z. B. Bäume, Steine, Tisch ...). Die mitspielenden Figuren werden auch aus Pappe gefertigt, bemalt und an einem dünnen Stäbchen befestigt. An den Tisch wird seitlich eine Schreibtischlampe so befestigt, daß sie das Papptheater von oben beleuchtet. Jetzt kann zur Geschichte gespielt werden.

(4) Darstellendes Spiel: Die zwei Eisblöcke

Siehe Abschnitt 3 Nr. 7.

In der Mitte des Raumes liegen bunte Tücher in den Farben Gelb, Rot und Grün. Die Spieler/innen stehen als Gruppen in zwei Blöcken im Raum, ganz starr und steif. Wenn in der Geschichte vom Auftauen die Rede ist, löst sich die Starre, die Blöcke werden weich und beginnen zu fließen. Die Teilnehmer/innen gehen langsam aufeinander zu, bilden einen Kreis und tanzen den »Wassertanz« (siehe Abschnitt 4 Nr. 7 oder Nr. 8). Die dafür benötigten Bänder oder Tücher liegen ebenfalls in der Mitte und werden beim Aufeinanderzugehen aufgenommen.

(5) Tücherspiel: Das Märchen von Sadko

Siehe Abschnitt 3 Nr. 6.

Ein großes blaues Tuch liegt in der Mitte der Spielfläche und wird von einigen Mitspieler/innen der Stärke der Wellen entsprechend bewegt. Am Rand liegt ein weißes Tuch über einem Hocker als weißer Stein. In einer Ecke ist Sadkos Haus angedeutet: 2 Spieler/innen halten senkrecht vor sich je ein Tuch. Diese beiden Tücher werden mit einem weiteren Tuch quer verbunden als »Dach«. Ein weiteres Tuch kann als Hausrückwand quer gehängt werden. Die Ecken werden jeweils von den beiden Mitspieler/innen gehalten. Mit anderen Tüchern werden die Personen bekleidet. Besonders über die Farben von Sadko und die Farben des »Herrn des Ilmensees« sollte man sich Gedanken machen.

(6) Szenisches Spiel zum Lied: Wir fahren übern See

Siehe Abschnitt 4 Nr. 4.

Ein Tisch wird als Boot umgedreht. Die Ruderer setzten sich hinein, Jesus schläft im Boot. Darum herum liegen blaue, grüne, weiße und graue Tücher. Diese Tücher werden dem Liedtext entsprechend von Mitspieler(inne)n bewegt, während die Leute im Boot dem Lied entsprechend Angst zeigen, Jesus aufwecken ...

(7) Ideenbörse: Wasser

In der Mitte steht ein Glaskrug mit Wasser. Darum herum liegen große Bögen Papier mit Stiften. Die Teilnehmer/innen werden nun aufgefordert, alles, was ihnen spontan zum Begriff »Wasser« einfällt, darauf zu schreiben. Diese »Ideenbörse« kann Grundlage für die Gestaltung einer Collage, eines Spieles, einer Verklanglichung ... werden.

(8) (vergleichendes) Gespräch: Die Sintflutgeschichte/Flutmythen der Völker

Siehe Abschnitt 3 Nr. 9 und 10.

Der Text der Sintflutgeschichte aus der Bibel (Gen 7,10-8,13) und Texte anderer Flutmythen werden für die Teilnehmer/innen kopiert und verteilt bzw. vergrößert an die Wand nebeneinander gehängt. Im

Gespräch werden die Flutmythen und die Sintflutgeschichte miteinander verglichen, es wird nach Gemeinsamkeiten und Verschiedenheiten geforscht und die Frage nach dem jeweiligen Gottes- und Menschenbild gestellt.

(9) Experiment: Tropfenbeobachtung

Material:
durchsichtige Trinkgläser oder Einmachgläser, eine Schüssel Wasser, eine Pipette (aus leeren Nasentropfenfläschchen o. ä.), eine Glasplatte und evtl. ein Mikroskop

Durchführung:
Mit der Pipette werden einzelne Wassertropfen aus der Wasserschüssel genommen und in unterschiedlicher Weise in das Wasserglas getropft: vorsichtig am Rand abgleiten lassen, aus großer Entfernung in das Glas tropfen lassen oder aus kleiner Distanz. Dabei immer beobachten, wie sich die Tropfen verhalten. Einen Wassertropfen auf die Glasscheibe geben und durch ein Mikroskop beobachten. Die Beobachtungen austauschen und evtl. aufschreiben.

(10) Experiment: Die zwei Eisblöcke

Material:
Eiswürfel aus dem Eisschrank, eine längliche Schale mit hohem Rand, eine Wärmequelle (Heizung, Föhn, Gaskocher)

Durchführung:
Zwei Eiswürfel werden in die längliche Schüssel an die beiden Seiten gelegt. Die Schüssel wird jetzt über eine Wärmequelle gestellt (auf eine Heizung, einen Gaskocher, eine Kerze, ein Stövchen ...) oder von oben mit einem heißen Föhn erhitzt. Beobachten, wie die Eiswürfel schmelzen und das Wasser ineinanderfließt. Anschließend die Geschichte von den »Zwei Eisblöcken« (siehe Abschnitt 3 Nr. 7) vorlesen.

(11) Wasserhörspiel

Mit einem Kassettenrecorder und einem Mikrofon die verschiedenen Wassergeräusche aufnehmen: einen tropfenden Wasserhahn, eine Toilettenspülung, einen fließenden Wasserhahn, einen fließenden Bach, Wasser, das aus einem Kübel in einen Eimer geschöpft wird, Regen ...

(12) Wasserwanderung

Je nach den Gegebenheiten wird eine Wanderung an einem Bach, am Meeresufer entlang, an einen See, an einen Teich, an die Mündung eines Baches in einen Fluß oder im Regen durch den Wald gemacht. Das Element Wasser wird dabei (nacheinander) bewußt mit allen Sinnen aufgenommen: Es genau anschauen – die Augen schließen und auf das Wasser lauschen – das Wasser auf der Haut fühlen – das Wasser riechen ...

(13) Eine Kläranlage/Wasserwerke besuchen

Gemeinsam eine Kläranlage bzw. die Wasserwerke eines Wohngebietes besuchen und sich die Zusammenhänge erklären lassen, um so noch aufmerksamer zu werden auf die Reinerhaltung des Wassers.

(14) Brunnen graben

Miteinander an geeigneter Stelle einen Brunnen graben und daraus Wasser schöpfen.

(15) Schwimmen gehen

Miteinander schwimmen gehen, sich vom Wasser bewußt tragen lassen, die Kraft des Wassers dabei spüren.

(16) Einen Bach aufstauen

Den Lauf eines Baches durch eine kleine Staumauer hemmen und einen kleinen See vollfließen lassen.

(17) Einen Gartenteich anlegen

Miteinander einen Gartenteich oder ein Feuchtbiotop anlegen. Beobachten, wie darin Pflanzen und Tiere gedeihen.

(18) Einen »Dursttag« einlegen

Einen Tag weniger trinken und spüren, was »Durst« bedeutet.
Dann, zum Durst löschen, klares Wasser trinken.

Schiff

1. Einführung in das Symbol

Das Schiff (Boot) ist ein altes Symbol für das menschliche Leben. Zunächst zeugt es von der Erfindungsgabe des Menschen: Das Schiff ist eines der ältesten Gefährte, ein uraltes Fortbewegungsmittel auf den natürlichen Wasserstraßen. Es ist in allen menschlichen Kulturen zu finden, die in irgendeiner Weise mit Flüssen oder Seen und Meeren in Berührung gekommen sind.

Für Völker, die ihren Lebensunterhalt mit Fischfang bestreiten mußten, wurde das Boot bald unentbehrlich. Und schließlich verband die Fähigkeit des Menschen, Schiffe zu bauen und damit Ozeane zu überwinden, die Kontinente miteinander. Gleichzeitig erfuhr jeder Seemann sehr hautnah, wie sehr sein Leben von den Naturgewalten und den Mächten des Schicksals abhing. Eine Schiffahrt bedeutete und bedeutet noch heute ein Wagnis. Man verläßt den festen Boden, um sich auf einen schwankenden Untergrund zu begeben.

So bietet ein Schiff im Ozean auf der einen Seite Schutz und die Möglichkeit zur Überwindung der sonst – zumindest vor dem Zeitalter des Fliegens – unüberwindbaren großen Wasser, aber es bedeutet auch gleichzeitig eine Gefährdung durch die Elemente Wind und Wasser. So wundert es nicht, daß das Schiff schon früh zu einem Symbol des Lebens wurde. Das Leben wurde verglichen mit einer Schiffahrt über gefährliches Wasser, und für den Übergang vom Leben in den Tod findet man häufig das Bild des Fährmanns, der die Verstorbenen in seiner Barke über einen Fluß in das Reich der Toten fährt.

In Skandinavien wurden Felsbilder entdeckt, die außergewöhnliche Schiffe darstellen. Diese Schiffe tragen häufig kultische Symbole wie z. B. Sonnensymbole. Im Glauben der alten Ägypter deutete man den (scheinbaren) Lauf der Sonne als Schiffsreise.

In frühen Kulturen wurden Schiffe als Eigentum der Götter angesehen, es waren »Göttergefährte«. Sie wurden mit Vorstellungen von Frühling und Fruchtbarkeit verbunden oder dienten den Toten als Bestattungsplatz.

Geschichten von Schiffen in Seenot und deren Errettung sind auch im Alten und Neuen Testament sowie in Heiligenlegenden beliebt: z. B. die Arche Noah, Jona, die Stillung des Seesturmes, Paulus, Nikolaus von Myra ...

Die Vorstellung vom Schiff als »Göttergefährt« hat Einfluß auf christliches Gedankengut genommen, wie es ein altes Adventslied deutlich macht: »Es kommt ein Schiff geladen bis an sein' höchsten Bord, trägt Gottes Sohn voll Gnaden, des Vaters ewigs Wort.«
Im Christentum blieb das Schiff ein Gleichnis der Lebensfahrt des Menschen im Meer des Unendlichen. So schrieb z. B. Augustinus: »Niemand kann das Meer dieser Welt überschreiten, wenn nicht Christi Kreuz ihn trägt ... Laß dich tragen vom Schiff, laß dich tragen vom Holz; glaube an den Gekreuzigten, und du wirst zum Ziele gelangen können.«
Ja, nicht nur das Leben des einzelnen, sondern auch die Gemeinschaft der Glaubenden, die Kirche, wird als »Schiff« beschrieben, dessen Steuermann Jesus Christus selbst ist und das deshalb sicher durch das Meer der Zeiten fährt, bis es einst den Hafen der Seligkeit erreicht.

Literatur:
Manfred Lurker, Die Botschaft der Symbole, Kösel-Verlag, München 1990.

2. Biblische Bezüge

(1) Das Schiff als Schutzraum

Genesis 6,14-8,19

(2) Das Schiff als Arbeits- und Fortbewegungsmittel

Markus 1,16-20
6,45-52
Lukas 5,1-11
Johannes 6,16-25
21,1-14

(3) Rettung aus Seenot

Jona 1,3-16
Markus 4,35-41
Apostelgeschichte 27,27-44

(4) Das Schiff als Symbol des Lebens

Weisheit 5,1-10
14,1-7
Ezechiel 27,1-36
1 Timotheus 1,18-19
Jakobus 3,1-5a

3. Geschichten/Texte

(1) Die kleine Schraube

Eine kleine Schraube sitzt in einem riesigen Panzerschiff mit tausend anderen Schrauben und hält zwei Stahlplatten zusammen. Eines Tages sagt die Schraube: »Ich will es mir ein bißchen bequem machen; das ist ja meine eigene Sache und geht niemand etwas an!«
Aber als die anderen Schrauben hören, daß da eine etwas locker werden will, da protestieren sie und rufen: »Bist du verrückt? Wenn du herausfällst, dann wird es nicht lange dauern, bis auch wir herausfallen.«
Zwei größere eiserne Rippen schlagen auch Alarm: »Um Gottes willen, haltet die Platten zusammen, denn sonst ist es auch um uns geschehen.«
In Windeseile geht das Gerücht durch das ganze Schiff: »Die kleine Schraube hat was vor!« Alles ist entsetzt. Der riesige Körper des Schiffes ächzt und bebt in allen Fugen. Und alle Rippen, Platten und Schrauben senden eine gemeinsame Botschaft an die kleine Schraube und bitten sie, nur ja an ihrer Stelle zu bleiben, sonst werde das ganze Schiff untergehen, und keiner werde den Hafen erreichen.

Aus: Willi Hoffsümmer, Wir wagen den Glauben, Matthias-Grünewald-Verlag, Mainz 3. Auflage 1987, Rechte unbekannt.

(2) Zwei Segel

Zwei Segel erhellend
Die tiefblaue Bucht!
Zwei Segel sich schwellend
Zu ruhiger Flucht!

Wie eins in den Winden
Sich wölbt und bewegt,
Wird auch das Empfinden
Des andern erregt.

Begehrt eins zu hasten,
Das andre geht schnell,
Verlangt eins zu rasten,
Ruht auch sein Gesell.

Conrad Ferdinand Meyer

(3) Alte Boote

Als ich die alten Boote sah,
verlassen,
verteert
und unsagbar einsam,
dachte ich:
So sind auch unsere Worte,
jedes ein Boot,
einmal geboren, Fracht zu tragen,
wichtige, entscheidende Fracht.
Jetzt liegen am Strand der neuen Zeit
alte Worte,
Touristen halten vielleicht nach ihnen Ausschau,
Objekte der Kamera,
nicht mehr.
Soll ich sie dir zeigen,
die alten Boote:
Freiheit!
Es sollte die Fracht des Lebens tragen.
Aber die Ruderer wurden müde.
Hoffnung!
Es sollte die Fracht des Lebens tragen.
Aber die Mannschaft verlor das Steuer.
Liebe!
Es sollte die Fracht der Erfüllung tragen.
Aber der Mensch verlor die Geduld.
Jetzt liegen die alten Boote am Strand der neuen Jahre.

Und auf dem Wasser der Gegenwart
heulen die Motore
der künstlichen Renner,
und sie tragen die Namen
Zwang statt Freiheit,
Verzweiflung statt Hoffnung,
Gier statt Liebe.
Nur eines können sie:
sie fahren schneller,
schneller in die Vernichtung.
Ich will die alten Boote besteigen.
Kommst du mit?
Wir werden rudern müssen,
rudern um Freiheit, Hoffnung und Liebe.
Ich rudere gern.

Peter Spangenberg

(4) Gott braucht Menschen

Es kam ein großer Sturm, und Gott, der Herr, ließ es zu, daß die Deiche brachen. Überall hieß es: Land unter.
Zu denen, deren Felder im Wasser untergingen und deren Häuser von den Wellen umtobt wurden, gehörte ein gottesfürchtiger Bauer. Als das Wasser in die Küche eindrang, zog er sich mit seiner Familie in den ersten Stock des Hauses zurück. Als der Bauer und seine Familie aus den Fenstern schauten, da kam ein Boot vorbei. Dessen Insassen winkten und riefen: »Kommt an Bord und bringt euch in Sicherheit!« Doch der gottesfürchtige Bauer antwortete nur: »Gott wird mich retten!«
Das Wasser stieg weiter. Es stieg bis in den oberen Stock, und der Bauer und die Seinen mußten sich ins Dachgeschoß zurückziehen. Wieder kam ein Boot vorbei, und die Leute riefen dem Bauern und den Seinen zu, an Bord zu kommen. Doch der Bauer antwortete erneut: »Gott wird uns retten!« Das Wasser aber stieg noch weiter. Der Bauer und die Seinen mußten auf dem Dach stehen und hielten sich am Schornstein fest. Das Wasser umspülte ihre Füße. Da kam ein

drittes Boot, und die Insassen bereiteten dic Leinen vor, um sie dem Bauern und den Seinen zuzuwerfen und sie an Bord zu ziehen. Aber der gottesfürchtige Bauer in seinem unerschütterlichen Vertrauen auf den Herrn lehnte auch diese Hilfe ab. »Gott wird uns aus dieser unserer größten Not retten!« rief er noch einmal. Da kam eine letzte riesenhohe Welle, überspülte das Dach und riß die Menschen auf ihm in den Tod.
Enttäuscht und zornig trat der gottesfürchtige Bauer vor den Thron des Allerhöchsten und rief: »Was hast du versprochen, und was hast du gehalten? Warum bist du mir und den Meinen nicht zu Hilfe gekommen, als wir in höchster Not waren?«
Da sagte Gott leise: »Ich weiß nicht, was du willst. Dreimal heute abend habe ich dir ein Boot geschickt.«

aus Friesland (nacherzählt von Barthold Strätling)

Aus: neue gespräche 1/1990.

4. Lieder/Tanz und Musik

(1) Erde, kleines Schaukelschiff

2. Erde, großes Menschenschiff,
nußschalenklein,
wer wird durch Gefahren groß,
unser Lotse sein?

3. Erde, gutes Mutterschiff,
Arche fragenvoll,
sag doch einer, wie und wann,
alles enden soll?

4. Erde, kleines Schaukelschiff,
sieh, wer zu dir steigt,
frag ihn, ob er weiterweiß
und die Richtung zeigt.

5. Erde, kleines Schaukelschiff,
nußschalengroß,
treibt durch dunklen Weltenraum,
der so uferlos.

T: Wilhelm Willms M: Ludger Edelkötter
Aus: Weil du mich so magst/Wir sind Kinder dieser Erde

Tanzbeschreibung:

Aufstellung in Kreisform, Front zur Kreismitte.

1. Str.: Alle fassen sich um die Schulter und stehen so eng beisammen. Acht Beistellschritte (= vier Takte) (rechts seit, links anstellen) gehen alle im Viertelrhythmus rechts herum, dann acht Beistellschritte (links seit, rechts anstellen) links herum.
2. Str.: Alle fassen sich an den Händen und gehen acht kleine Schritte nach außen (zwei Takte), dann wieder acht Schritte nach innen, dabei werden die Hände nach oben geführt. Bei den letzten vier Takten werden die erhobenen Hände im Rhythmus (halbe Noten) nach rechts und links geschwenkt.
3. Str.: Wie 2. Str.
4. Str.: Der Kreis dehnt sich nach außen und öffnet sich an einer Stelle, so daß ein Halbkreis entsteht (Takt 1-4). Dann schließt sich der Kreis genauso wieder (Takt 5-8).
5. Str.: Wie 1. Str.

(2) Ich habe mir ein Floß gebaut

2. Ich habe mir ein Floß gebaut, im großen Strom der Zeiten, ich treibe mit den Träumen fort, und bleibe.
3. Ich habe mir ein Floß gebaut, der Alltag holt mich ein. Ich stärke mich in meiner Angst und weine.
4. Ich habe mir ein Floß gebaut und treff' auf große Wellen. Ich kehre mit den Fluten um und strande.
5. Ich habe mir ein Floß gebaut und lande auf gutem Boden. Ich pflanze meine Träume ein und lebe.

T: Hans-Jürgen Netz M: Peter Janssens
Aus: Der grüne Zweig, 1980

Tanzbeschreibung:

Alle stehen im Kreis und haben sich um die Schulter gefaßt.
Schreit- und Tanzrhythmus: halbe Noten.

Takt 1-2: Im Rhythmus hin und her wiegen (rechts, links).
Takt 3-4: Die Hände durchfassen und die Arme über den Kopf heben.
Takt 5-6: Vier Schritte nach außen, rechts beginnt.
Takt 7-8: Vier Schritte nach rechts gehen.

Takt 9-10: Vier Schritte nach links gehen.
Takt 11: Mit vier Schritten (Viertel) wieder zurück zur Ausgangsstellung.

(3) Kommt in das Schiff hinein

2. Nur Noah tut, was Gott ihm sagt,
weil er vertraut und alles wagt.
Die Söhne packen an,
da ist es bald getan.

Und Noah lädt die Tiere ein:
»Im Schiff wird jeder sicher sein!«
So kommt die große Schar.
Von jeder Art ein Paar.

R: Herein! Herein!
Kommt in das Schiff hinein!
Vertraut auf Gott, denn er allein
verspricht: »Ihr sollt gerettet sein!«
Herein! Herein!
Kommt in das Schiff hinein!

Herein! Herein!
Kommt in das Schiff hinein!
Die Elefanten steigen ein,
und es wird Platz für alle sein.
Herein! Herein!
Kommt in das Schiff hinein!

... Die Schmetterlinge steigen ein ...
... Die Krokodile steigen ein ...
... Die wilden Löwen steigen ein ...
... Und die Kamele steigen ein ...
... Und die Kaninchen steigen ein ...
... Sogar die Frösche steigen ein ...

3. Und nach dem letzten Passagier
schließt Noah ganz schnell zu die Tür.
Was Gott will, ist getan.
Da fängt's zu regnen an.
Es regnet. Und die Welt versinkt.
Wer nicht im Schiff ist, der ertrinkt.
Das Schiff fährt übers Meer
und schaukelt hin und her.

T: Rolf Krenzer M: Detlev Jöcker
Aus: Solange die Erde lebt (Liedheft und MC)

Spielanleitung:

Die Hälfte der Kinder bilden durch einen Kreis die Arche, die anderen Kinder stellen die einzelnen Tiere dar, die in die Arche einziehen. Sie gehen nach und nach in die Kreismitte. Die Kinder, die die Arche spielen, wiegen im Rhythmus hin und her.

(4) Wir fahren übern See

Siehe Symbol »Wasser«, Abschnitt 4 Nr. 4.

Spielanleitung:

Ein umgedrehter Tisch stellt das Boot dar, in dem Jesus und seine Jünger sitzen. Die Spielanweisungen ergeben sich aus dem Liedtext. Die Angst der Jünger kann mimisch und gestisch dargestellt werden. Das Boot kann aber auch von anderen hin und her geschoben werden, um die Wildheit des Sees auszudrücken.

(5) Ein Schiff, das sich Gemeinde nennt

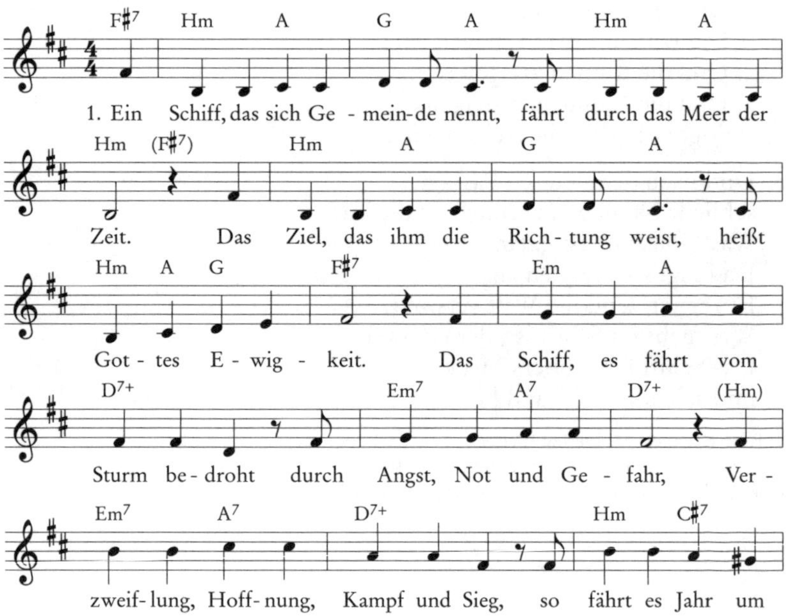

2. Das Schiff, das sich Gemeinde nennt, liegt oft im Hafen fest,
weil sich's in Sicherheit und Ruh' bequemer leben läßt.
Man sonnt sich gern im alten Glanz vergangner Herrlichkeit
und ist doch heute für den Ruf zur Ausfahrt nicht bereit.
Doch wer Gefahr und Leiden scheut, erlebt von Gott nicht viel.
Nur wer das Wagnis auf sich nimmt, erreicht das große Ziel!

3. Im Schiff, das sich Gemeinde nennt, muß eine Mannschaft sein,
sonst ist man auf der weiten Fahrt verloren und allein.
Ein jeder stehe, wo er steht, und tue seine Pflicht,
wenn er sein Teil nicht treu erfüllt, gelingt das Ganze nicht.
Und was die Mannschaft auf dem Schiff ganz fest zusammenschweißt
in Glaube, Hoffnung, Zuversicht, ist Gottes guter Geist.

4. Im Schiff, das sich Gemeinde nennt, fragt man sich hin und her:
Wie finden wir den rechten Kurs zur Fahrt im weiten Meer?
Der rät wohl dies, der andre das, man redet lang und viel
und kommt – kurzsichtig, wie man ist – nur weiter weg vom Ziel.

Doch da, wo man das Laute flieht und lieber horcht und schweigt,
bekommt von Gott man ganz gewiß den rechten Weg gezeigt!

5. Ein Schiff, das sich Gemeinde nennt, fährt durch das Meer der Zeit.
Das Ziel, das ihm die Richtung weist, heißt Gottes Ewigkeit.
Und wenn uns Einsamkeit bedroht, wenn Angst uns überfällt:
Viel Freunde sind mit unterwegs auf gleichen Kurs gestellt.
Das gibt uns wieder neuen Mut, wir sind nicht mehr allein.
So läuft das Schiff nach langer Fahrt in Gottes Hafen ein.

T und M: Martin Gotthard Schneider
Aus: Neue geistliche Lieder, BE 252

Tanzbeschreibung:

Alle stehen im Kreis und bilden das Schiff. Schreitrhythmus: Viertelnoten.

Strophen:
Takt 1-4: Sechzehn Schritte nach rechts gehen.
Takt 5-8: Sechzehn Schritte nach links gehen.
Takt 9-16: Stehenbleiben, Front zur Kreismitte, im Rhythmus von halben Noten hin und her wiegen.
Takt 16-20: Sechzehn Schritte nach rechts gehen.
Takt 21-24: Sechzehn Schritte nach links gehen.

Refrain:
Takt 1-2: Acht Schritte in die Kreismitte, dabei Hände halten.
Takt 3-4: Acht Schritte wieder nach außen, Handfassung lösen.
Takt 5-6: Jede/r dreht sich acht Schritte rechts herum um sich selbst.
Takt 7-8: Jede/r dreht sich acht Schritte links herum um sich selbst.

(6) Es kommt ein Schiff geladen

Gotteslob Nr. 114,1–3.

Tanzbeschreibung:

1. Str.: Die Tänzer/innen schreiten langsam auf die Tanzfläche und bilden einen Kreis.
2. Str.: Sie schreiten langsam rechts herum.
3. Str.: Sie stehen und wiegen am Platz, zur letzten Zeile heben sie die Hände.

(7) Verklanglichung: Die Arche Noah (Gen 6,14 - 8,19)

Vorstellung:	**Verklanglichung:**
Gott spricht.	*Schlag auf dem großen Becken*
Die Arche wird gebaut.	
Hämmern	*Holzblocktrommeln/Klangstäbe*
Sägen	*Mit den Fingerkuppen auf Handtrommeln reiben.*
Die Tiere kommen in die Arche.	*Tiere selbst ausdenken und dazu passende Instrumente und Geräusche finden.*
Die große Flut kommt.	
Regen	*Mit den Fingerkuppen auf Handtrommeln und Tische klopfen, übergehen in Reiben.*
Wellen	*Glissando auf und ab auf Stabspielen*
Wind	*Rasseln und mit dem Mund pusten. (Regen, Wellen und Wind beginnen leise, schwellen immer mehr an und werden wieder leise, wenn die Flut nachläßt.)*
Die Berggipfel werden sichtbar.	*leise Schläge mit Watteschlegeln auf Cymbeln*
Die Arche setzt auf.	*Paukenschlag*
Der Rabe fliegt.	*kleine Melodie auf dem Xylophon*
Die Taube fliegt.	*kleine Melodie auf dem Glockenspiel*
Die Taube kehrt mit dem Olivenzweig zurück.	*leise Töne auf den Fingercymbeln oder Schellenkranz*
Die Tiere und Menschen verlassen die Arche.	*(so wie sie oben in die Arche hineinkommen)*

Der Regenbogen	*Dreiklang: C–E– G, auf den Stabspielen erst nacheinander, dann gleichzeitig spielen, leise anfangen und immer lauter werden.*

Diese Verklanglichung kann auch in Verbindung mit dem Lied Nr. 3 (siehe oben) vollzogen werden.

(8) Verklanglichung: Der Sturm auf dem See (Mk 4,35-41)

Vorstellung:	**Verklanglichung:**
Jesus fährt mit seinen Freunden im Boot.	*Leise Wellen- und Schaukelbewegungen mit Stabspielen und Fingerwischen auf Handtrommeln nachahmen.*
Ein Sturm kommt auf.	*Die Wellenbewegungen werden heftiger, andere Instrumente kommen hinzu.*
Die Jünger haben Angst und wecken Jesus.	*Schellenkranz und Rasseln*
Jesus gebietet dem Sturm zu schweigen.	*ein Beckenschlag, dann Stille*
Schlußsatz	*Dreiklang C–E–G spielen*

Diese Verklanglichung kann auch mit dem Lied Nr. 4 (siehe oben) verbunden werden.

(9) Verklanglichung: Der wunderbare Fischfang (Lk 5,1-11)

Vorstellung:	**Verklanglichung:**
Leute arbeiten am See Genesareth und kommen zu Jesus.	*Mit allen Instrumenten das Hämmern, Reden und geschäftige Treiben nachahmen.*
Jesus kommt.	*Eine Melodie auf der Flöte erfinden, die immer spielt, wenn Jesus etwas tut oder sagt.*

Boote	*Glissando auf und ab auf dem Xylophon (immer spielen, wenn die Boote in Aktion sind)*
Simon und seine Gefährten.	*Eine Melodie auf dem Metallophon erfinden (immer wieder spielen).*
Die Netze werden ausgeworfen.	*Schellenrasseln*
Sie füllen sich mit Fischen.	*Rumbarasseln, Blockrasseln*
Das Ächzen der überfüllten Boote	*Holzblocktrommeln und Klangstäbe, langsam*

(10) Verklanglichung: Zwei Segel

Siehe Abschnitt 3 Nr. 2.

Vorstellung:	**Verklanglichung:**
1. Str.: Die Segel	*langsame Schläge mit Watteschlegeln auf zwei verschieden großen Handtrommeln*
Die Bucht	*tiefe Töne auf dem Metallophon*
2. Str.: Die Segel	*Wie 1. Str., öfter gleichmäßig lauter und leiser werden.*
Die Winde	*Glissando auf Xylophon auf und ab, ruhig*
3. Str.: Bucht und Winde	*wie oben*
Die Segel	*Wie 1. Str., gleichmäßig schneller und wieder langsamer werden, bis sie ganz langsam aufhören.*

(11) Verklanglichung: Sieger Köder, Das Ende der Flut

Siehe Abschnitt 5.

Freie Improvisation

Zuerst wird das Bild gemeinsam betrachtet und dann versucht, den Eindruck des Bildes von unten nach oben zu beschreiben und zu verklanglichen. Dazu liegen verschiedene Instrumente in der Mitte.
Die Fragen für die Verklanglichung lauten:
Wie kann ich den dunklen Boden unter Wasser in Klang umsetzen?
Wie den Felsen, die Arche, Noah, den Raben, die Taube, den Regenbogen ...?

5. Bilder

- Fotos von Booten und Schiffen aller Art
- Paul Reding: Ferienzeit
  Aus: Paul Reding, Nebenan ist Jericho, Verlag Butzon & Bercker, Kevelaer 1976.
- Vincent van Gogh: Boote am Strand
- Sieger Köder: Das Ende der Flut
  Rottenburger Kunstverlag VER SACRUM, Rottenburg am Neckar
- Paul Reding: Noach
  Aus: Paul Reding, Nebenan ist Jericho, Verlag Butzon & Bercker, Kevelaer 1976.
- Evangeliar der Hitda von Meschede: Der Sturm auf dem Meer
  Aus: Diabücherei Christliche Kunst, Band 19, Verlag am Eschbach, Eschbach 1986.
- Kees de Koort: Der Sturm auf dem Meer
  Aus: Was uns die Bibel erzählt, Deutsche Bibelgesellschaft, Stuttgart.

- Sr. Sigmunda May: Der Sturm auf dem Meer
  Kongregation der Franziskanerinnen von Sießen, e.V.
- Walter Habdank: Der Sturm auf dem Meer
  Aus: 24 Holzschnitte zur Bibel, Kösel-Verlag, München.
- Paul Reding: Stürme
  Aus: Paul Reding, Nebenan ist Jericho, Verlag Butzon & Bercker, Kevelaer 1976.
- Luis Borrossa: Der sinkende Petrus (Petrusaltar, 1411)
  Aus: Diabücherei Christliche Kunst, Band 19, Verlag am Eschbach, Eschbach 1986.
- Sr. Sigmunda May: Der sinkende Petrus
  Kongregation der Franziskanerinnen von Sießen, e.V.
- Das Schiff der Gemeinde
  Aus: Lieder, Texte, Bilder zum Kirchenjahr III. Die Osterzeit und das Pfingstfest, Nr. 10, av-edition, München 1988.

6. Gestalten/Malen/Basteln

(1) Gestaltung der Mitte

- in die Mitte auf ein blaues Tuch alternativ
  - Fotos von Schiffen und Booten legen
  - ein Modellschiff stellen
  - mehrere Papierschiffchen stellen
- aus bunten Tüchern ein großes Schiff legen

(2) Bilder nachlegen

Zum Nachlegen mit bunten Tüchern eignen sich folgende Bilder:
- Sieger Köder: Das Ende der Flut
- Kees de Koort: Der Sturm auf dem Meer

(3) Gestaltung: Zwei Segel

Siehe Abschnitt 3 Nr. 2.

Material:
verschiedene blaue Tücher, weiße Tücher, Legematerialien aus der Natur: Äste, Steine, Blätter ...

Methode:
Zunächst wird über Boote und Schiffe gesprochen. Dann wird in einer Stilleübung das Gedicht »Zwei Segel« erschlossen (siehe Abschnitt 7). Die Vorstellung über die beiden Boote wird in der Mitte zu einem gemeinsamen Bild zusammengetragen:
Die blauen Tücher für die Bucht
Die Bootskörper aus den Naturmaterialien
Die Segel aus den weißen Tüchern ...

(4) Bilder nachmalen

Siehe Abschnitt 5.

- Sieger Köder: Das Ende der Flut
- Kees de Koort: Der Sturm auf dem Meer
- Evangeliar der Hitda von Meschede: Der Sturm auf dem Meer
- Vincent van Gogh: Boote am Strand

(5) Bilder malen

Material:
Farben, Stifte, Kreiden aller Art, Papier

Folgende Themen eignen sich zum Malen:
- Ein Dampfer auf dem Meer
- Ein Segelboot auf einem See
- Ein Ruderboot auf einem breiten Fluß
- Ein Kanu auf wildem Wasser
- Jona
- Der Sturm auf dem Meer
- Die Tiere in der Arche
- Die Arche auf dem Berg Ararat
- Die Jünger beim Fischfang

(6) Reißbild: Tyrus, das prächtige Schiff (Ez 27,1-36)

Material:
ein großer Bogen weißes Papier, buntes Papier (Reste von Tonpapier), bunte Stifte, Klebstoff

Methode:
Der Schrifttext »Tyrus, das prächtige Schiff« wird gelesen. Jede/r malt mit Buntstiften nach diesem Text eine Skizze. Aus den Skizzen wird ein Bild als gemeinsame Vorlage ausgewählt. Die Skizze wird auf den großen Bogen Papier übertragen. Das Buntpapier wird in kleine Stücke gerissen und den Farben der Vorlage entsprechend auf das große Bild geklebt. Vorher genau absprechen, welche Farbe im Bild an welche Stelle kommt.

(7) Puzzle: Das Schiff der Gemeinde

Material:
eine große Pappe, Stifte, Farben, Tapete, Scheren, Gemeindeübersichten, evtl. Fotos von Gruppen, Veranstaltungen, Personen in der Gemeinde

Methode:
Auf Pappe wird ein großes buntes Segelschiff gemalt. Es wird überlegt und auf eine Tapete geschrieben, was es alles in der Gemeinde gibt. Die nächste Überlegung gilt der Frage, an welcher Stelle im Schiff die einzelnen Gruppen, Veranstaltungen und Personen zu plazieren sind. Dann wird mit einem Bleistift das Schiff in so viele Teile geteilt, wie es Gruppen, Personen und Veranstaltungen gibt. Diese werden in die einzelnen Teile hineingeschrieben. Dann wird das Schiff in diese Teile zerschnitten. Für eine Gemeinde kann es auch interessant sein, zu den einzelnen Nennungen Fotos von diesen Veranstaltungen bzw. von Personen dazuzukleben.

(8) Collage: Die Arche Noah

Material:
großer Bogen Packpapier, braune Farbe und Pinsel, Tier- und Menschenfotos aus Zeitungen und Illustrierten, Scheren, Klebstoff

Methode:
Auf den Bogen Packpapier wird gemeinsam eine große Arche gemalt. Darum herum werden zunächst die Bilder von Tieren und Menschen gelegt, die in die Arche einziehen. Im größeren Umkreis werden Fotos von bösen Ereignissen und Taten der Menschen gelegt. Wenn die Gesamtkomposition des Bildes allen gefällt, werden die Fotos entsprechend aufgeklebt.

(9) Streichholzbild: Die Arche Noah

Material:
viele abgebrannte Streichhölzer, schwarzes Tonpapier, Klebstoff, helle Farbstifte (hellgrau und weiß) oder weiße Kreide

Methode:
Auf dem Tonpapier wird mit einem weißen Stift die Arche gezeichnet. Dann wird auf die gezeichnete Arche abschnittsweise Klebstoff aufgetragen und die Streichhölzer dicht an dicht als Arche gelegt. Mit der Kreide kann man darum herum das tosende Wasser und den Regen malen.

(10) Wortcollage: Alte Boote

Siehe Abschnitt 3 Nr. 3.

Material:
weißer Bogen Zeichenpapier, Tusche und Feder oder Stifte, Bleistift

Methode:
Der Text »Alte Boote« wird gelesen und besprochen. Mit Bleistift wird eine hauchdünne Vorzeichnung von drei Booten am Strand gezeichnet. Jedes dieser Boote wird dann durch die Schriftzüge eines der drei Worte Freiheit – Hoffnung – Liebe mit Tusche nachgezeichnet. Die Schriftarten können dabei auch verändert werden.

(11) Papierschiffchen basteln

Material:
weißes Papier, rechteckig

Methode:
Der Bogen Papier wird in der Mitte geknickt. Am geschlossenen Ende werden die beiden Ecken nach innen gefaltet, so daß die Ränder sich in der Mitte berühren. Die unteren überstehenden Streifen werden zu beiden Seiten nach oben geknickt und die überstehenden Ecken umgeschlagen. Der so entstandene Hut wird in der Mitte auseinandergezogen und in dieselbe Richtung geknickt. Die beiden nun entstandenen offenen Papierecken werden wieder nach oben abgeknickt. Wieder wird das entstandene Dreieck in der Mitte auseinandergezogen und dann die beiden Seitenteile nach außen gezogen. Nun ist das Segelboot fertig. (Weitere Möglichkeiten, Boote und Schiffe zu falten, findet man in vielen Bastel- und Origamibüchern.)

(12) Kleine Flöße bauen

Material:
kleine Äste und Zweige, Schnur

Methode:
Die Äste und Zweige werden auf die gleiche Länge gebracht und durch die Schnur nebeneinander verbunden. Dazu führt man die Schnur an beiden Seiten abwechselnd quer über und unter die Hölzer. Dabei darf man die Schnur nicht zu festziehen, damit sich das Floß nicht wölbt, sie darf aber auch nicht zu locker sein, damit es nicht auseinanderfällt.

(13) Ein Modellbauschiff zusammensetzen

Für Schiffe gibt es unzählige Modellbausätze, die man gemeinsam zusammensetzen kann.

7. Stilleübungen

L = Leiter/in; TN = Teilnehmer/in(nen). Jede freie Zeile im Sprechtext bedeutet eine längere Sprechpause.

(1) Mit dem Boot auf dem See

Die TN sitzen im Kreis auf dem Boden im Schneidersitz, den Oberkörper aufgerichtet. In der Mitte liegt das Foto eines Ruderbootes auf einem blauen Tuch.

L spricht:
In der Mitte sehen wir ein Ruderboot abgebildet.
In einer Traumreise wollen wir mit diesem Boot auf einen See hinausfahren.
Wir schließen die Augen.

Vor unserem inneren Auge sehen wir einen Wald, der sich an einem Seeufer entlangzieht.
Die Sonne scheint warm.
Wir spüren sie auf unserer Haut.

Wir gehen am Ufer des Sees entlang.
Sanfte, kleine Wellen laufen am Ufer aus.
Das Wasser gluckst leise.

In der Ferne sehen wir ein Ruderboot am Ufer liegen.
Wir kommen ihm immer näher.
Wir können die Holzlatten sehen, aus denen es zusammengesetzt ist.
Die beiden Spitzen stehen hervor.
Jetzt stehen wir vor dem Boot.
Wir sehen darin die Sitzbank und die beiden Ruder in der Halterung.

Vorsichtig schieben wir das Boot in das Wasser.
Jetzt schaukelt es schon am Uferrand.
Wir steigen in das Boot und spüren einen Moment deutlich, daß wir die feste Erde verlassen haben.
Wir brauchen Zeit, um unser Gleichgewicht zu finden und uns hinzusetzen.
Jetzt greifen wir nach den Rudern und tauchen sie in das Wasser.

Das Wasser gibt unserem Druck nach, das Boot bewegt sich vorwärts.
Im Rhythmus tauchen wir die Ruder ein und ziehen kräftig nach hinten. *(Hier können die TN die Bewegung des Ruderns mitvollziehen.)*

Wir spüren, wie das Boot auf dem Wasser gleitet.

In der Mitte des Sees halten wir an.
Wir ziehen die Ruder ein und legen uns in das Boot.
Wir schauen in den blauen Himmel.
Unser Körper paßt sich den Bewegungen des Bootes an, das sanft von den Wellen hin und her geschaukelt wird. *(Hier wiegen die TN mit dem Oberkörper hin und her.)*

Wir richten uns wieder auf, nehmen die Ruder in die Hand und rudern zum Ufer zurück.
Wir steigen aus dem Boot und gehen unseren Weg zurück.

Dann öffnen wir wieder die Augen.

(2) Zwei Segel

In der Mitte liegen blaue Tücher. Der Text »Zwei Segel« (siehe Abschnitt 3 Nr. 2) wird langsam gelesen und dazu die Mitte gestaltet (siehe Abschnitt 6 Nr. 3). Danach sitzen alle TN wieder im Kreis, werden ganz ruhig und betrachten die Mitte.

L spricht:
Wir Menschen sind wie Segelboote.
Wir wagen die Fahrt auf dem großen Wasser des Lebens.
Der Wind unseres Lebens schaukelt uns hin und her.

Manchmal ist der Wind sanft und leise,
wir liegen ruhig auf dem Wasser,
das klar und durchsichtig ist.
Wir erinnern uns an Momente in unserem Leben,
die dem durchsichtigen Wasser und dem sanften Wind gleichen.

Manchmal bläst der Wind stark in unsere Segel.
Wir haben eine schnelle Fahrt und kommen gut voran.

Wir erinnern uns an Momente in unserem Leben,
in denen wir voller Kraft Neues angepackt haben,
in denen Vorwärtskommen spürbar war.

Manchmal stürmt der Wind und schleudert unser Segel hin und her.
Wir drehen uns im Kreis und werden hin und her gerüttelt.
Der Sturm ängstigt uns.
Das Wasser wird zum Sog, der uns zu verschlingen droht.
Wir erinnern uns an solche stürmische, beängstigende Situationen in unserem Leben.

Schön ist es,
wenn ein zweites Boot auf unserem Lebenswasser fährt,
wenn seine Segel im Gleichklang mit den unseren sind,
so wie es im Text beschrieben wurde. *(Hier kann noch einmal das Gedicht »Zwei Segel« gelesen werden.)*

Gefährlich wird es, wenn das andere Boot uns bedrängt,
wenn es versucht, uns zu übersegeln.

Menschen sind wie Segelboote.
Ob allein oder gemeinsam, die letzte Frage bleibt für uns:
Wer sitzt am Steuer?

8. Spiel und Aktion

(1) Identifikationsspiel: Die kleine Schraube

Siehe Abschnitt 3 Nr. 1.

Alle schauen sich gemeinsam das Bild eines großen Schiffes an, das über das Meer fährt. Das Schiff wird im Gespräch als ein Bild der Gemeinschaft gedeutet. Jede/r überlegt, welcher Teil des Schiffes sie/er sein könnte: das Steuer, der Motor, der Bug, der Kiel, die Reling, der Anker, die Panzerplatten – oder eine kleine Schraube. (Falls niemand von selbst auf die Idee kommt, eine kleine Schraube zu sein, übernimmt der/die Leiter/in diese Rolle.) Alle sagen nun nacheinander, mit welchem Schiffsteil sie sich identifizieren möchten. Dann

stellen sich alle im Raum auf, so daß sie ein großes Schiff bilden. Mit den Händen halten alle Kontakt untereinander.
Jetzt wird die Geschichte »Die kleine Schraube« vorgelesen. Beim zweiten Lesen löst sich »die kleine Schraube« und das Schiff droht auseinanderzubrechen, so wie es in der Geschichte beschrieben wird.

(2) Kreisspiel: Tiere in der Arche

Einige bilden einen Kreis als Arche. Die anderen geben sich einen Tiernamen und ziehen als solches Tier in die Arche ein: kriechend, hüpfend, springend ... (vgl. Abschnitt 4 Nr. 3). Wenn alle Tiere in der Arche sind, dann schließt sich der Kreis.

(3) Schattenspiel: Der Sturm auf dem Meer (Mk 4,35-41)

Material:
Lichtquelle, Tisch, flache Schüssel mit Wasser, Ruderboot und Püppchen von Playmobil o. ä.

Methode:
Vor eine kleine Leinwand wird eine flache Glasschüssel mit Wasser gestellt. Die Leinwand wird von hinten so beleuchtet, daß das Licht durch das Wasser auf die Leinwand fällt. Während der Erzählung vom Sturm auf dem Meer wird das kleine Ruderboot mit den Püppchen in die Wasserschüssel gelassen. Der Sturm wird durch Pusten mit dem Mund erzeugt oder durch einen Föhn, einen Ventilator.

(4) Puzzle: Das Schiff der Gemeinde

Das selbstgebaute Puzzle (siehe Abschnitt 6 Nr. 7) miteinander zusammenlegen und über die einzelnen Gruppen, Veranstaltungen und Aufgaben der Personen sprechen.

(5) Flöße/Modellschiffe fahren lassen

An einem schönen Tag zu einem kleinen Teich, See oder Bach fahren und dort die selbstgebastelten Flöße und Schiffe schwimmen lassen.

(6) Boot fahren

An einem schönen Tag auf einem See Ruderboot oder Paddelboot fahren. Dabei spüren, wie das Boot vom Wasser getragen wird. Abwechselnd aktiv rudern und sich ruhig treiben lassen.

(7) Eine Schiffsfahrt machen

Miteinander eine längere Schiffsfahrt auf einem großen See oder übers Meer mit einer Fähre machen. Dabei auf dem Oberdeck bleiben und zusehen, wie das Wasser vom Schiff zerteilt wird.

(8) Eine Schiffswerft besuchen

Wo es möglich ist, kann es interessant sein, eine Schiffswerft bzw. Bootsbaufirma zu besichtigen.

Wüste

1. Einführung in das Symbol

Wenn wir von der Wüste als einem Symbol unseres Lebens und Glaubens sprechen, so reden wir in einem Bild, das für die meisten von uns im Unterschied zu anderen Symbolen nicht direkt erfahrbar ist. Die Wüste kennt eine Mehrzahl nur vom Hörensagen, aus Filmen, Büchern und von Bildern. Da die Wüste in den Schriften unseres christlichen Glaubens aber eine wichtige Rolle einnimmt, kann sie auch für das Leben und den Glauben der Menschen unserer Zeit ein Leitbild sein.

Wenn wir das Wort »Wüste« hören, hat jede/r ein Bild davon vor Augen: etwa ein Sandmeer, kahle Felsen, Trockenheit, Oasen mit blühenden Palmen und frischem Wasser, Kamele, vielleicht auch glühende Sonne und darin bleichende Knochen.

Von den Worten her, mit denen wir die Wüste beschreiben, und damit auch in der Erfahrung vergleichbar, steht dieses Symbol einer Erscheinungsweise des Wassers, dem Meer, nahe.

»Wir sprechen vom Meer als von unendlichen Wasserwüsten, und umgekehrt gelten uns die Wüsten der Welt als ebenso grenzenlose Sand- und Felsenmeere« (2, S. 314). Und die Kamele, die sich von ihrem Wasserbedarf her den Bedingungen der Wüste angepaßt haben, werden oft als »Wüstenschiffe« bezeichnet. Wie auf dem Meer ist man in der Wüste dem Element Wind/Sturm ausgeliefert.

Wenn wir von unserem äußeren Bild übergehen zu den Empfindungen, die uns spontan einfallen, wenn wir an Wüste denken, dann fällt auf, daß das Symbol »Wüste« zunächst auf der negativen Seite unseres emotionalen Barometers zu liegen scheint. Leere, Einsamkeit, Eintönigkeit und Langeweile, Durst, Dürre und Trockenheit, Hitze, eine scheinbar unerträgliche Stille werden als lebensbedrohlich angesehen.

Und in der Tat: Überall lauert der Tod in der Wüste. Sie wird als lebensfeindlich und beängstigend erfahren. Und so werden auch zunächst die negativen Lebenserfahrungen und Stimmungen als Wüsten in uns, als die Wüstenzeiten unseres Lebens benannt.

Diese Erfahrungen findet man bestätigt im Leben und Glauben der alten Ägypter: Sie leben mit der Wüste, an der einzigen Lebensader, die diese Wüste durchzieht, dem Nil. Ihr Leben hängt ab von dem ständigen Ringen zwischen dieser Lebensader – und dem davon abhängigen fruchtbaren Land – und der todbringenden Wüste. In ihrem Götterkult brachten die Ägypter diesen ständigen Kampf durch den Mythos vom Kampf des Wüsten-, Steppen- und Kriegsgottes Seth gegen Osiris, den Gott der Fruchtbarkeit, zum Ausdruck. Für die Ägypter ist Wüste das Symbol für Tod.

Wüste ist aber trotz allem ein wichtiges Bild für das Leben, das sich gegen alle Bedrohung durchsetzt: Die Wüste lebt. Das Leben siegt auch hier – davon zeugen zeitweise blühende Wüsten. Tiere, die sich dem Dasein in der Wüste angepaßt haben, und Pflanzen, die sich beim geringsten Anzeichen von Feuchtigkeit zum Leben erheben. Die Bewohner der Wüste, z. B. die Tuareg, sind stolz und frei – wo man sie nicht zu Sklaven erniedrigt hat. Freiheit, Weite und Unbegrenztheit sind Begriffe, die eine positive Dimension der Wüste widerspiegeln.

Positiv haben sich in unserem Gedächtnis auch die Oasen eingeprägt, in denen es nach Entbehrungen und Gefahren verdiente Erfrischung und Erholung gibt. Auch die scheinbar negativen Erfahrungen der Einsamkeit und Stille, der Entbehrung und Bedrohung dienen letztlich dem Leben.

Neben den Schriften der Bibel haben vor allem die Bücher Antoine de Saint-Exupéries sowie das Leben des Charles de Foucauld die Chancen der Wüste für die Persönlichkeitsbildung und den Glauben der Menschen in unserem Jahrhundert wieder in das Bewußtsein gerückt.

In der Bibel wird die Wüste in ihrer doppelten Bedeutung als Ort der Gefährdung und Chance immer wieder beschrieben: Sie ist sowohl ein Ort der lebensfeindlichen Mächte, eine Landschaft voller Gefahren, in der der Tod droht, als auch der Ort der großen Gottesbegegnung.

Im Alten Testament sind die großen Beispiele dafür Personen wie Abraham, der durch die Wüste zieht, weg von seiner sicheren Heimat, Mose, der Gott in der Wüste am brennenden Dornbusch begegnet, Elija, der in die Wüste flieht und dort von Gott gestärkt wird. Da ist das ganze Volk Israel, das von Mose durch die Wüste geführt wird, das seine Freiheit in der Wüste findet. Gott schenkt Leben im Manna, in den Wachteln, im Wasser, in seiner ständigen Anwesenheit und im Zuspruch. Das Volk Israel hat in der Wüste nichts als Gott. Sein Weiterleben ist verdanktes Dasein. Deshalb bedeutet die Abkehr von Gott den Tod einer ganzen Generation. An diesen Befreiungszug erinnert sich das Volk Israel immer wieder – bis heute. Wüste wird so zum Symbol einer Erfahrung, ja sie ist das Symbol des Heils oder des

Unheils für das Volk Israel (und damit auch für die Christenheit).
Im Neuen Testament behält das Symbol Wüste seine Bedeutung: Johannes predigt in der Wüste den Menschen, die hinausgezogen sind. Wie Mose vierzig Jahre in der Wüste lebte, wie das Volk Israel vierzig Jahre durch die Wüste zog, so begibt sich Jesus vierzig Tage in die Wüste, um sich auf seine große Aufgabe vorzubereiten. Er erfährt in der Wüste Versuchung und Stärkung. Paulus war in der Wüste (2 Kor 11,26). In die Wüste flieht die Frau der Apokalypse, die als »großes Zeichen« am Himmel erschien (Offb 12,1), vor dem Drachen. Dort hatte ihr Gott einen Zufluchtsort geschaffen.
Auch in der frühchristlichen Geschichte war die Wüste ein wichtiger Ort: Die Gemeinde flieht in die Einöden und Wüsten, um der Verfolgung durch die staatliche Macht zu entgehen. Schon bald machen sich einzelne Gottsucher, Männer und Frauen, auf in die Wüste, um, dem Vorbild Abrahams, Moses, Elijas, Johannes des Täufers und Jesu folgend, in der Abgeschiedenheit Klarheit zu finden und Gott zu begegnen. Daraus entstand das frühchristliche Mönchtum, die Wüstenväter und -mütter, die ersten Vorbilder für Eremitentum und Mönchtum bis heute.
Die Wüsten in uns entdecken, zur Ruhe und zur Besinnung kommen, das sind Sehnsüchte der Menschen in unserer Zeit. Deshalb wird auf vielen Wegen eingeladen zu Besinnung und Kontemplation, bis hin zur Aufforderung »Schenk dir einen Wüstentag« – im Wirrwarr des Konsums und der Hektik den Blick auf das Wesentliche lenken, das ist damit beabsichtigt.

Literatur:
1. Hermann Kirchhoff (Hrsg.), Ursymbole und ihre Bedeutung für die religiöse Erziehung, Kösel-Verlag, München 1982.
2. Dorothea Forstner/Renate Becker, Neues Lexikon christlicher Symbole, Tyrolia Verlag, Innsbruck 1991.

2. Biblische Bezüge

(1) Die Wüste als Ort der Bedrohung

Jeremia 4,22-28

Zefanja 2,13-15

(2) Die Wüste als Zufluchtsort

Genesis 21,9-21
Exodus 19,1-2
1 Könige 19,1-4
1 Makkabäer 2,29-31
Johannes 11,54

(3) Die Wüste als Ort der Prüfung und Umkehr

Exodus 16,1-4
17,1-7
Psalm 63,1-12
95,7-11
Matthäus 3,1-12
4,1-11
11,7
Hebräer 3,7-11

(4) Die Wüste als Ort der Gottesbegegnung

Exodus 3,1-6
Deuteronomium 8,2-6
Psalm 78
107,1-9

(5) Die Wüste, die sich in blühendes Land verwandelt

Psalm 107,35-38
Jesaja 35,1-10
Jesaja 41,17-20

3. Geschichten/Texte

(1) Wenn ihr aus der Wüste kommt

Einmal fand eine der zahlreichen lokalen Kirchenversammlungen statt. Bei den Verhandlungen meldeten sich auch Männer zu Wort, die man nicht kannte. Man fragte sie: »Wer seid ihr?« Sie antworteten: »Wir kommen aus der Wüste!« Darauf sagte der Vorsteher der Versammlung: »Alsdann, wenn ihr aus der Wüste kommt, dürft ihr sprechen!«

Aus: Gisbert Greshake, Die Wüste bestehen.

(2) Die formende Kraft der Wüste

Man muß, um die formende Kraft der Wüste zu verstehen, etwa die Salzkarawanen vor sich sehen, die, aus dem Innern des Tschad kommend, Tausende von Kilometern durchqueren. Diese Menschen rechnen ihr Lebensalter nicht in Jahren, sondern nach der Anzahl der Karawanen, an denen sie teilgenommen haben – 20 Karawanenwege sind ein sehr hohes Alter; und würden sie von den Strapazen ihrer Wanderung berichten, so hätten sie vor allem von der Willensanstrengung zu erzählen, die nötig ist, um Tag für Tag gegen den Sand, gegen den Wind, gegen den Durst, gegen die Erschöpfung eine bestimmte Wegstrecke bis zu einer lebenswichtigen Zisterne zurückzulegen; von der flirrenden Hitze am Tag und der klirrenden Kälte der Nacht müßten sie berichten, von dem Gefühl der ohnmächtigen Winzigkeit inmitten einer grenzenlosen Weite, über sich das strahlende Blau-Grau der Himmelskuppel oder das flimmernde Band der Sterne und um sich herum kein anderes Geräusch als das Pfeifen des Chamsin und den heiseren Schrei der Kamele. Die Menschen der Wüste wissen um die vollständige Ausgeliefertheit an die Mächte der Natur, als wollte die Landschaft selbst sie die Haltung der Gottergebenheit lehren. Aber gerade so wird ihnen inmitten von Not und Entsagung jeder Tropfen Wasser und jeder Atemzug des Lebens, eben weil es den Einsatz des ganzen Lebens kostet, über die Maßen kostbar. Die Wüste selbst lehrt, den Wert der Dinge wieder zu schätzen ... Alles käme folglich darauf an, die Menschen die »Wüstenei« ihres Lebens so intensiv wie möglich fühlen zu lassen, bis daß die Energie der Sehnsucht in ihnen wiedererwachte und die erstickende Decke des Überkonsums und der Herzensverfettung aufbräche.

Eugen Drewermann

(3) Man ist ein bißchen einsam in der Wüste

Einmal auf der Erde, wunderte sich der kleine Prinz, niemanden zu sehen. Er fürchtete schon, sich im Planeten geirrt zu haben, als ein mondfarbener Ring sich im Sande bewegte.
»Gute Nacht«, sagte der kleine Prinz aufs Geratewohl.
»Gute Nacht«, sagte die Schlange.

»Auf welchen Planeten bin ich gefallen?« fragte der kleine Prinz.
»Auf die Erde, du bist in Afrika«, antwortete die Schlange.
»Ah! ... es ist also niemand auf der Erde?«
»Hier ist die Wüste. In den Wüsten ist niemand. Die Erde ist groß«, sagte die Schlange.
Der kleine Prinz setzte sich auf einen Stein und hob die Augen zum Himmel:
»Ich frage mich«, sagte er, »ob die Sterne leuchten, damit jeder eines Tages den seinen wiederfinden kann. Schau meinen Planeten an. Er steht gerade über uns ... Aber wie weit ist er fort!«
»Er ist schön«, sagte die Schlange. »Was willst du hier machen?«
»Ich habe Schwierigkeiten mit einer Blume«, sagte der kleine Prinz.
»Ah!« sagte die Schlange.
Und sie schwiegen.
»Wo sind die Menschen?« fuhr der kleine Prinz endlich fort. »Man ist ein bißchen einsam in der Wüste ...«
»Man ist auch bei den Menschen einsam«, sagte die Schlange.

Antoine de Saint-Exupéry

Aus: Antoine de Saint-Exupéry, Der Kleine Prinz,

(4) Die Fußspuren Gottes

Ein französischer Gelehrter durchstreift die Wüste und hat sich als Führer einige Araber mitgenommen. Beim Sonnenuntergang breiten die Araber ihre Teppiche auf den Boden und beten. »Was machst du da?« fragte er einen. »Ich bete.« »Zu wem?« »Zu Allah.« »Hast du ihn jemals gesehen – betastet – gefühlt?« »Nein.« »Dann bist du ein Narr!« Am nächsten Morgen, als der Gelehrte aus seinem Zelt kriecht, meint er zu dem Araber: »Hier ist heute Nacht ein Kamel gewesen!« Da blitzt es in den Augen des Arabers: »Haben Sie es gesehen, betastet, gefühlt?« »Nein.« »Dann sind Sie aber ein sonderbarer Gelehrter!« »Aber man sieht doch rings um das Zelt die Fußspuren!« Da geht die Sonne auf in all ihrer Pracht. Der Araber weist in ihre Richtung und sagt: »Da, sehen Sie: die Fußspuren Gottes!«

Aus: Willi Hoffsümmer, Kurzgeschichten 1, Matthias-Grünewald-Verlag, Mainz 13. Auflage 1992,

(5) Begegnungen in der Wüste

Die Piste von Taiphet ist ganz einfach schrecklich.
Immer, wenn ich sie vermeiden konnte, hab' ich es liebend gern getan. Lieber habe ich mir einen Umweg von einigen Kilometern gemacht und nahm die Strecke über Ideles und Irafok als durch jene unwegsamen Schluchten, wo man den Weg mit Schaufel und Hacke von Stein und Felsgeröll räumen muß, um dann anschließend im weichen Sand der endlos gewundenen Wadis einzusinken.
Diesmal hatte ich keine andere Wahl. Ich nahm allen Mut zusammen, den ich noch hatte, und das war nicht viel nach einer Woche entnervenden Südwinds und den starken Wetterschwankungen zwischen Tag und Nacht.
Wie gewöhnlich ein wolkenloser Himmel und ab acht Uhr morgens eine unerbittliche Sonne. Das regte mich aber nicht auf. Meine Sorge, meine einzige Sorge war der Motor des Jeeps, der anfing zu mucken. Den Wagen, der sich bis zum Fahrgestell im Sand festgebohrt hatte, wollte er nicht mehr flottmachen. Ich mußte aber weiter. Wer hätte mir auf dieser Piste helfen sollen?
Am Abend vorher hatte ich am Brunnen von Tazrouk so viel Wasser geladen, wie möglich war, aber auch dies ging nun zu Ende ... Was dann?
Ja, was dann? Was hätte ich in dieser Wüste machen sollen, dem Bild des Sterbens und ewigen Schweigens?
Alle meine Hoffnungen ruhten auf dem Motor, auf diesem Motor, dessen Vibrieren, dessen leisesten Laut ich so gut kannte und der mich noch nie im Stich gelassen hatte.
Aber nun? Würde ich es schaffen, die zweiundzwanzig Kilometer nach Taiphet, zweiundzwanzig Kilometer? Der staubende Sand zum Versinken weich, die wilden Schluchten zum Verglühen heiß ...
Neun Uhr ... zehn Uhr ... elf Uhr. Mit Pausen, um den Motor abkühlen zu lassen, und Zwischenstationen auf etwas festeren Sandbänken war Taiphet endlich in Sichtweite gekommen, ein winziges Dorf ehemaliger Sklaven am Ufer des gleichnamigen Wadi.
Ich raffte mich ein letztes Mal zusammen. Ich war entschlossen, durch Schnelligkeit dem Griff des Sandes zu entrinnen, der immer beklemmender, erstickender, unausweichlicher wurde. Eine brütende, lähmende Hitze, das Wasser kochte im Kühler. Unter solchen Bedingungen wäre ich bestimmt nicht mehr weit gekommen. Ein letzter

Versuch, den Wagen in Gang zu bringen. Der Motor heulte bei Vollgas auf, dann ein Knirschen, ein letztes Sichaufbäumen des Jeeps und dann Stille. Ich war im Sand restlos festgefahren.
Ich stieg aus dem Jeep aus, aber dann bekam ich Angst vor einem Hitzschlag. Ich traute mich nicht, die Schaufel zu nehmen und den Wagen aus dem Sand auszugraben. Ich suchte etwas Schatten. Im Wadi gab es da und dort dürre Grasbüschel. Ich ging zum nächsten und legte mich in seinen Schatten auf den Boden.
Ich weiß nicht wie, aber in diesem Augenblick kam mir der Prophet Jona in den Sinn, der unter einem Rizinusstrauch saß. Dieses Gewächs Gottes schützte ihn angesichts von Ninive vor dem Tod in der glühenden Sonne. Viel Zeit hatte ich nicht zu solchen biblischen Betrachtungen, denn fast unverzüglich schlief ich ein.
Als ich wieder zu mir kam, hörte ich leise Stimmen und dazwischen Gelächter. Ich war in Schweiß gebadet, der Kopf schmerzte. Ich machte die Augen auf und sah um mich Leute von Taiphet, die mich lachend betrachteten. Ihre weißen Zähne blitzten, ihre dunkle Haut glänzte. Es waren etwa zwanzig. Sie hatten ihre Arbeit unterbrochen, als sie mich kommen sahen. Unter dem Busch hatten sie schon Feuer für den Tee vorbereitet. Das heiße, belebende Getränk flößte mir neue Kräfte ein.

Carlo Carretto

Aus: Carlo Carretto, Wo der Dornbusch brennt. © Verlag Herder, Freiburg 22. Gesamtauflage 2001.

(6) Die Blume und der Kolibri

Es war einmal eine kleine Blume – und wer sich selbst kennt, weiß, wen ich meine – also: es war einmal eine kleine Blume, die stand mitten in der Wüste, war es nun eine Wüste aus Sand oder aus Stein oder aus Geld; jedenfalls war es eine Wüste.
Täglich wartete die kleine Blume auf einen Regentropfen. Immer hatte man ihr erzählt, wie wichtig und schön der Regen sei. Doch wenn es wirklich nach Regen roch, kamen die Geier und fingen alle Hoffnung ab. Mit Mühe hielt sich die kleine Blume im lockeren Boden und hatte einfach Angst, Angst vor der sengenden Hitze, Angst vor der Einsamkeit, Angst vor dem nächsten Sturm. Ein Kolibri sah ihre Traurigkeit und sagte dies den anderen Tieren weiter.

Der Stier hatte kein Interesse. Für ihn galt nur, was stark ist. Auch der Bernhardiner blieb kalt, ihn rührte nichts. Sein Hobby war die Langeweile. Und die Elster, die immer so große Töne schwang, sagte, sie habe zu viele Termine und wirklich keine Zeit.
Da war der Kolibri verzweifelt; denn was sollte er, ausgerechnet der Kleinste, tun? Es konnte doch nicht wahr sein, daß sich die anderen Tiere drückten!
Da schwirrte er kurzentschlossen zu den Ameisen und berichtete ihnen von der großen Traurigkeit der Blume. Ohne zu zögern, bildeten die kleinen Tiere eine lange Kette, schleppten Grassamen und Früchte bis an die Wurzel des Kummers, benetzten alles ein wenig mit Tau, und es dauerte nicht lange: da wuchs Leben mitten in der Wüste, und die kleine Blume entwickelte sich zu einem strahlenden Glanz, den ihr niemand zugetraut hatte. Und alles war nur möglich, weil der Kolibri die Ameisen benachrichtigte.

Peter Spangenberg

Aus: Peter Spangenberg, Der Stein der tanzenden Fische (GTB 205), 5. Auflage 1989,

(7) Was ist meine Wüste?

Was ist meine Wüste? Erfolglosigkeit? – Krankheit? – Einsamkeit? – Trostlose Trockenheit des religiösen Lebens? – Depression? Keinem wird der Weg durch seine Wüste erspart. Jeder muß dazu bereit sein, sich in seiner Wüste aufzuhalten. Wer die Gunst Gottes will, seinen fruchtbaren Gnadentau, muß auch die Tränen der Wüste wollen.

Julius Angerhausen

Aus: Gisbert Greshake, a. a. O.

(8) Der Weg führt dich in eine wundersame Wüste

Der Weg führt dich
in eine wundersame Wüste,
die breit und unermeßlich liegt.
Die Wüste hat nicht Zeit noch Ort,
einzigartig ist ihre Weise.

Das wüste Land
durchschritt kein Fuß,

geschaffnes Sein
kam nie dorthin:
es ist und doch weiß niemand was.

ists licht, ists klar
ists finster gar –
es ist Stille,
bloß, ohne Hülle

Laß Ort, laß Zeit,
auch Bilder meid'
Geh ohne Weg
den schmalen Steg
so kommst du zu der
Wüste Spur.

O Seele mein,
geh aus' Gott ein.
Sink all mein Ich
in Gottes Nichts ...

Mittelalterliche Dichtung

4. Lieder/Tanz und Musik

(1) Die Karawane

Spielanleitung:

Der/die Leiter/in erzählt eine Geschichte aus der Wüste, z. B.:
Als ich mich einmal in der Wüste befand, ruhte ich ganz allein im Sand. Es war still um mich her. Plötzlich hörte ich ein leises, klopfendes Geräusch: *(Bramm, bramm ... singen die »Kamele« ganz leise und werden allmählich lauter.)* Ich wußte: Das sind die Schritte von Kamelen. Eine Karawane näherte sich.
Als sie näher kam, hörte ich auch die antreibenden Rufe der Kameltreiber: *(Olé, olé ... leise, dann lauter, während die »Kamele« weiter singen.)*
Immer mehr näherte sich die Karawane, und die Rufe der Treiber wurden lauter. Da hörte ich auch helle, leise Stimmen: *(La, la...)* Mein Staunen wurde größer: Das war eine Karawane von Haremsdamen, die jetzt mit ihrem hellen Gesang über den Rufen der Kameltreiber und den Schritten der Kamele hinwegsangen.
Jetzt war die Karawane ganz nah – aber sie zog vorüber ...
Immer leiser klangen die Stimmen der Haremsdamen, dann waren nur noch die Kamele und die Kameltreiber zu hören, die auch langsam verklangen. Noch die letzten dumpfen, leisen Schritte der Kamele, dann wieder diese große Stille.

(2) Durch die Wüste

2. Trifft Kamel genau auf die Nas.
   Dies geschah bei einer Oas.
3. Hadschi Halef klettert darauf
   wie der Blitz den Palmenbaum ’nauf.
4. »Hab’ ich endlich dich erwischt,
   du gemeines A-affenbiescht!«
5. Doch der Affe war gar nicht faul,
   stopft Banane Hadschi ins Maul.
6. Worauf dieser, schnell wie der Blitz,
   in dem Sand auf dem Hinterteil sitzt.

T: Erich Gruber M: aus Palästina
Aus: Der Eisbrecher
Rechte: Fidula-Verlag, Boppard/Rhein und Salzburg.

Die untere Zeile »Sum gali gali ...« kann als Karawanengeräusch mit in eine ähnliche Geschichte wie unter Nr. 1 eingebaut werden.

(3) Da, wo ein Brunnen fließt

Siehe »Symbole des Lebens – Symbole des Glaubens. Band I: Licht – Feuer« Symbol Feuer, Abschnitt 4 Nr. 3.

(4) Volk in der Wüste

2. Menschen in Armut, Gott wohnt im Stall,
   Menschen in Schwachheit, Gott wohnt im Kind,
   Menschen in Krankheit, Gott wohnt im Fleisch,
   Menschen in Trauer, Gott wohnt im Leid.

3. Völker im Aufbruch, Gott bricht mit auf,
   Völker in Knechtschaft, Gott macht sie frei,
   Völker in Fesseln, Gott macht sie weit,
   Völker im Notstand, Gott steht mit auf.

T: Diethard Zils M: Volkslied aus Argentinien
Aus: In dieser Nacht, BE 808

Tanzbeschreibung:

Taktart: 3/4-Takt. Die Tänzer/innen stehen paarweise voreinander auf der Kreisbahn und reichen sich beide Hände.

Takt 1-2: Die Paare drehen sich im Kreis und lösen am Ende des zweiten Taktes die Handfassung, so daß alle einen großen Kreis bilden.
Takt 3-4: Sechs Schritte in die Kreismitte machen, dabei die Arme zu einem gemeinsamen großen Zeltdach erheben.
Takt 5-6: Alle drehen sich nach rechts, so daß nur noch die linken Arme das Zelt bilden, und gehen sechs Schritte auf der Kreisbahn.
Takt 7-8: Alle senken die Arme, drehen sich nach außen und gehen wieder sechs Schritte nach außen, dabei strecken sie die Arme zum Licht.
Takt 9-10: Alle geben sich die Hände und wiegen rechts – links (je ein Takt).
Takt 11-12: Alle lösen die Hände, heben die Arme, drehen sich wieder dem/der Partner/in zu und nehmen die gleiche Stellung wie am Anfang ein.
Takt 13-14: Die Paare drehen sechs Schritte rechts herum.
Takt 15-16: Die Paare drehen sechs Schritte links herum.

(5) Schweige und höre

T: P. Michael Hermes nach Worten des Hl. Benedikt M: aus England
Rechte beim Autor.

(6) Kameltanz

Musik:
Im 4/4-Takt, marschmäßig oder die zweite Zeile des Liedes Nr. 2 immer wieder singen.

Tanzbeschreibung:
Alle bilden eine Kette und fassen mit der rechten Hand auf die rechte Schulter der vorangehenden Paare.
Vier Schritte vorwärts gehen, rechts beginnt: rechts – links, rechts – links.
Einen Ausfallschritt nach rechts seitwärts, dann in die Hände klatschen.
Einen Ausfallschritt nach links seitwärts, dann in die Hände klatschen (rechts klatsch, links klatsch).
Dann wieder von vorne.

(7) Klangbild: Wüste

Auf einem Papier werden Begriffe gesammelt, die den Teilnehmer(inne)n spontan zum Thema »Wüste« einfallen (evtl. auch nach dem Lesen eines Textes zum Thema). In der Mitte des Kreises liegen Orffinstrumente griffbereit.
Die genannten Worte werden einzeln langsam vorgelesen, gemeinsam wiederholt, und dann kann jemand versuchen, mit einem Instrument dieses Wort in Klang umzusetzen, während es von den anderen Teilnehmer(inne)n immer weiter langsam gesprochen wird. Auf ein

verabredetes Zeichen wird dieser Wortklang beendet, und das nächste Wort wird umgesetzt.

(8) Klangspiel zum Lied: Die Karawane

Die Geschichte zum Lied wird weiter ausgemalt und dabei die Wüste beschrieben. Das Singen wird in die Verklanglichung integriert.

Vorstellung:	**Verklanglichung:**
Sonne	*Becken, das erst leise, dann immer lauter angeschlagen wird.*
Sand	*Reiben mit den Fingerkuppen auf Handtrommeln.*
Luftflimmern	*leiser Schellenkranz*
Felsen	*Holzblock, kurz und hart*
Kakteen	*Rumbarasseln*
Kamele	*Gesang, unterstützt von rhythmischen Paukenschlägen mit Watteschlegeln*
Kameltreiber	*Gesang und Klanghölzer*
Haremsdamen	*Gesang, Schellen und Glockenkränze*

(9) Verklanglichung: Die Wüste wird zum Garten (Jes 35,1-10)

Die Wüste wird zuerst verklanglicht, ähnlich wie unter Nr. 7. Dann wird der Schrifttext vorgelesen und in Klang umgesetzt.

Vorstellung:	**Verklanglichung:**
Die Wüste soll blühen.	*Über die bisher spröden Klänge kommen einzelne Xylophontöne, die dann vom Metallophon und vom Glockenspiel übernommen werden.*
Sie soll jubeln und Jauchzen.	*alle Stabspiele zusammen*
Die Herrlichkeit des Herrn	*Beckenschlag*

Quellen und Bäche	*Glissando auf und ab auf den Stabspielen*
Gras, Schilfrohr und Binsen	*einzelne Töne auf den Stabspielen, unterstützt von Rumbarasseln*
Die vom Herrn Befreiten kehren zurück.	*Alle spielen einen gleichen Rhythmus.*

(10) Verklanglichung: Die Blume und der Kolibri

Siehe Abschnitt 3 Nr. 6.

Vorstellung:	**Verklanglichung:**
Die kleine Blume	*Glockenspielmelodie*
Wüste aus Sand	*Reiben auf Handtrommel*
Wüste aus Stein	*Holzblocktrommel*
Wüste aus Geld	*Töne mit Holzschlegel auf Metallophon*
Warten auf Regen	*Schläge auf Handtrommel*
Angst	*Rasseln*
Kolibri	*kleine Melodie auf Blockflöte*
Stier	*dumpfe Trommelschläge*
Bernhardiner	*tiefe Xylophontöne*
Elster	*Klanghölzer schnell*
Ameisen	*Schellenkranz*
Blume wächst.	*Glockenspielmelodie wird immer lauter und von den anderen Stabspielen aufgenommen.*

5. Bilder

- Fotos von unterschiedlichen Wüstenlandschaften
- Wüstenbild
  Aus: Th. Jandke/E. Kaufmann, Wen dürstet, der komme zu mir und trinke! Ich bin die Quelle des Lebens (Bildmappe), RPA-Verlag, Landshut 1987.
- Kees de Koort: Das Volk Israel in der Wüste
  Aus: Was uns die Bibel erzählt, Deutsche Bibelgesellschaft Stuttgart.
- Walter Habdank: Der Prophet
  Aus: 24 Holzschnitte zur Bibel, Kösel-Verlag, München.
- Ernst Alt: Elija unterm Ginsterstrauch
  Aus: 24 Bilder, Kösel-Verlag, München 1978.
- Thomas Zacharias: Johannes der Täufer (Holzschnitt)
  Aus: Farbholzschnitte zur Bibel, Kösel-Verlag, München.
- Sieger Köder: Dort setzte er sich unter einer Ginsterstrauch
  Schwabenverlag, Ostfildern.
- Aus der Tiefe
  Aus: H. Müller/E. Kaufmann, Mit Kindern Psalmen beten (Bildmappe), RPA-Verlag, Landshut 1987.
- Edvard Munch: Der Schrei
- Paul Reding: Einsamkeit
  Aus: Paul Reding, Nebenan ist Jericho, Verlag Butzon & Bercker, Kevelaer 1976.

6. Gestalten/Malen/Basteln

(1) Gestaltung der Mitte

– eine Schale voll Sand
– eine Schale voll Sand und eine kleine Palme (als Oase)
– auf einem Tuch Fotos von Wüstenlandschaften
– aus Tüchern eine Wüstenlandschaft legen
– eine gestaltete Wüstenlandschaft aus Naturmaterialien

(2) Bilder nachlegen

Folgende Bilder aus Abschnitt 5 eignen sich zum Nachlegen mit bunten Tüchern:
– Wüstenbild
– Edvard Munch: Der Schrei
– Thomas Zacharias: Johannes der Täufer

(3) Bilder nachmalen

Folgende Bilder aus Abschnitt 5 eignen sich zum Nachmalen mit bunten Farben (Wasserfarben):
– Thomas Zacharias: Johannes der Täufer
– Aus der Tiefe

(4) Bilder malen

Folgende Themen eignen sich zum Malen:
– Elija unterm Ginsterstrauch in der Wüste (1 Kön 19,1-4)
– Die Wüste wird zum Garten (Jes 35,1-10)
– Der kleine Prinz in der Wüste (Abschnitt 3 Nr. 3)
– Der Weg führt dich (Abschnitt 3 Nr. 8)
– Da, wo ein Brunnen fließt (Abschnitt 4 Nr. 3)

(5) Reißbild: Das Volk Israel in der Wüste

Material:
sandfarbenes Tonpapier, Zeitungspapier, Klebstoff

Methode:
Verschiedene Begebenheiten, die das Volk Israel in der Wüste erlebt hat, werden vorgelesen (siehe Abschnitt 2 Nr. 2-4).
Gemeinsam wird überlegt, welche Ereignisse wie dargestellt werden sollen. Aus Tonpapier werden dann die Figuren gerissen und auf das sandfarbene Tonpapier gelegt, bis alle mit der Anordnung zufrieden sind. Dann werden sie aufgeklebt.

(6) Collage: Fußspuren Gottes (Gemeinschaftsarbeit)

Siehe Abschnitt 3 Nr. 4.

Material:
Fotos aus der Natur und von Menschen, großer Bogen Papier, Stifte, Scheren, Klebstoff

Methode:
Die Geschichte »Die Fußspuren Gottes« wird vorgelesen. Gemeinsam wird überlegt, wo wir den Fußspuren Gottes begegnen. Die Ergebnisse werden aufgeschrieben. Dann werden auf den großen Bogen Papier viele Fußabdrücke gezeichnet (Umrisse um die eigenen Füße, ohne Schuhe). Diese Füße können in einer bestimmten Weise angeordnet sein (als Weg, als Sonne ...). In die Fußumrisse hinein werden den Fußspuren Gottes bei uns entsprechende Fotos eingeklebt oder eigene Bilder gemalt oder geschrieben.

(7) Fotocollage: Wüsten und Oasen bei uns

Material:
Fotos von Wüsten (Leidens- und Notsituationen, Einsamkeit ...) und Oasen (Gemeinschaft, Freude, Fest ...) in unserem Land, sandfarbenes und grünes Tonpapier

Methode:
Zunächst wird ein Gespräch geführt, wo wir in unserem Land, in unserem Leben Wüstensituationen erleben und welches die Oasen sind, die diese Situationen erträglich machen. Dann werden zu diesen Situationen Fotos aus Illustrierten oder eigene Fotos gesucht. Die beiden farbigen Tonpapiersorten werden zugeschnitten und die Fotos entsprechend in die Wüstenfarbe (sand) oder in die Oasenfarbe (grün) gelegt und, wenn alle einverstanden sind, geklebt.

(8) Sandbilder herstellen

Material:
feiner, trockener Sand (auch durchgesiebter Vogelsand), Batikfarbe, Leim, Pappe als Untergrund

Methode:
Jeder denkt sich ein Motiv aus und zeichnet es auf die Pappe. Den Farben entsprechend wird jetzt der Sand gefärbt.
Die Batikfarbe wird mit etwas Wasser angerührt und mit dem Sand vermischt (für jede Farbe ein extra Tröpfchen nehmen). Dann wird der Sand auf Zeitungspapier zum Trocknen ausgelegt. Erst wenn er ganz trocken ist, kann er weiterverarbeitet werden.
Die einzelnen Flächen unserer Zeitung werden mit Leim beschmiert und der farbige Sand auf die entsprechenden Flächen gestreut. Es kann notwendig sein, zum Abdecken der Pappe mit Sand diesen Vorgang auf den einzelnen Flächen mehrmals zu wiederholen.

(9) Sandmosaik

Material:
feiner, trockener Sand (auch durchgesiebter Vogelsand), Batikfarbe, zwei Glasscheiben, vier Holzbrettchen, Sekundenkleber

Methode:
Die beiden Glasscheiben werden mit dem Sekundenkleber mit den Holzbrettern so eingefaßt, daß zwischen ihnen ca. 5 mm Zwischenraum entsteht. Die Einfassung geschieht zunächst nur an drei Seiten.
Der Sand wird wie unter Nr. 8 gefärbt und getrocknet.
Jetzt wird der unterschiedlich farbige Sand nach und nach in den Zwischenraum gestreut, so daß ein buntes Farbmosaik entsteht. Zum Schluß wird die offene Seite auch noch mit einem Brettchen versiegelt.

(10) Wüstenlandschaft aus Naturmaterialien

Material:
Sand, flache Kiste oder alter Koffer, Steine, Flechten, kleine Kakteen, Kressesamen ...

Methode:
In die flache Kiste oder den alten, stabilen Koffer wird Sand gestreut und mit den vorhandenen Materialien (Steine, kleine Kakteen ...) eine Wüstenlandschaft hergestellt.
In eine Ecke kann man eine kleine Oase aus Kressesamen säen, die dann feucht gehalten wird und grünt.

(11) Menschen und Tiere in der Wüste

Material:
Pfeifenputzer, Stoffreste, Fellreste, Wattekügelchen als Köpfe, Klebstoff, Nähgarn, Nadeln

Methode:
Zunächst wird überlegt, welche Menschen und Tiere in der Wüste und am Rand der Wüste leben. Es kann sich auch lohnen, Sachbücher über Wüsten anzusehen, um sich zu informieren, wie die Menschen gekleidet sind und die Tiere aussehen. Dann werden aus den Pfeifenputzern kleine Figuren geformt und mit den Stoff- und Fellresten bekleidet (genäht oder geklebt). Die fertigen Figuren werden in die Wüstenlandschaft (Nr. 10) gestellt und können nun zum Spielen verwendet werden.

7. Stilleübungen

L = Leiter/in; TN = Teilnehmer/in(nen). Jede freie Zeile im Sprechtext bedeutet eine längere Sprechpause.

(1) Die Wüste ist weit und groß (Traumreise)

Alle TN sitzen im Kreis. In der Mitte liegt eine Wüstenlandschaft aus Tüchern.

L spricht:
Wir sitzen im Kreis.
Wir schauen uns um, und wenn wir alle gesehen haben, schließen wir die Augen.

Wir machen miteinander eine Traumreise,
eine Reise in die Wüste.

Die Wüste ist weit und groß.
Es ist still.

Überall ist nur Sand.
Oft treibt der Wind den Sand hoch,
vor sich her, häuft ihn zu Hügeln auf.
Wie die Wellen im Meer,
so ist der Sand.

Die Sonne brennt vom Himmel.
Es ist heiß.
Wo finden wir Wasser?
Wo sind die Menschen?

Bist du schon einmal durch heißen Sand gegangen?
Weißt du, wie schwer jeder Schritt ist,
wenn die Sonne vom Himmel brennt?

Hattest du schon großen Durst?

Kennst du große Einsamkeit?

Bist du schon einmal ganz allein gewesen –
niemand hört dich –
niemand ruft dich.

(An dieser Stelle kann der Text Nr. 3 aus Abschnitt 3 gelesen werden.)

Langsam versuchen wir,
aus der Wüste wieder zurückzukehren.
Wer wieder hier angekommen ist, öffnet die Augen.

(2) Wüsten in und um uns

Alle sitzen im Kreis. In der Mitte liegen auf einem Tuch Bilder von Wüsten.

L spricht:
Wir sehen in der Mitte Bilder von Wüsten.

Wenn wir an Wüste denken, dann fällt uns manches ein:
Sand
Felsen
brennende Sonne
sternklare, kalte Nacht
Kamele
Weite
Freiheit
Durst
Angst
Einsamkeit
Stille

Wir schließen die Augen
und versuchen ganz still zu werden.
In uns ist Wüstenstille.
Wie in Luftspiegelungen sehen wir,
was uns im Leben wichtig war:
die Menschen, die Ereignisse.

Manches, was uns begegnet ist,
war wie eine lange Durststrecke in der Wüste.

Manches war wie eine Oase,
die unserem Leben wieder Kraft und Frische gegeben hat.

Manches war wie die große Stille und Weite der Wüste.
Es sind die Gelegenheiten, in denen wir zu uns selbst finden.

Viele Menschen in der Bibel ziehen sich in die Wüste zurück:
Abraham, Moses, Elija, Jesus.
In der Wüste bereiten sie sich auf ihre große Aufgabe vor.
Wo bzw. worin liegen unsere Wüsten?

Sind sie bedrohlich?

Sind sie beruhigend?

Nehmen wir uns Zeit, über die Wüsten in uns nachzudenken.

An dieser Stelle kann meditative Musik eingespielt werden und im Anschluß der Text »Was ist meine Wüste?« (siehe Abschnitt 3 Nr. 9) gelesen werden.

(3) Schweige und höre

Die TN stehen verteilt im Raum. Sie haben die Anweisung, den Bewegungen von L zu folgen.
Die Melodie des Liedes »Schweige und höre« (Abschnitt 4 Nr. 5) wird einmal gesummt. Beim zweiten Summen der Melodie gehen alle mit langsamen Schritten durch den Raum. Das Lied wird zweimal gesungen, dabei kommen alle irgendwo zum Stehen und setzen sich bequem hin. Das Lied wird wieder gesummt.
– Stille –
Der Text »Der Weg führt dich in eine wundersame Wüste« (Abschnitt 3, Nr. 8) wird langsam vorgelesen.
– Stille –
Das Lied wird noch einmal gesummt und gesungen.

8. Spiel und Aktion

(1) Spiel mit Tüchern: Die Blume und der Kolibri

Siehe Abschnitt 3 Nr. 6.

Die Geschichte wird vorgelesen, und dazu wird pantomimisch gespielt. Die Kulissen und Kostüme werden aus bunten Tüchern hergestellt.

(2) Karawanenspiel

Siehe Abschnitt 4 Nr. 1.

Die Gruppe wird in verschiedene Kleingruppen eingeteilt:
1. Die Leute, die die Wüstenstimmung wiedergeben.
   Sie singen immer wieder die zweite Zeile des Liedes »Durch die Wüste« (siehe Abschnitt 4 Nr. 2), einige von ihnen bleiben auf dem ersten Ton mit der Silbe »Sum«.
2. Einer liegt in der Wüstenlandschaft, gekleidet wie ein Beduine. Er sieht die Karawane kommen.
3. Die Kamele haben sich verkleidet und singen ihre Stimme aus dem Lied »Die Karawane«.
4. Die Kameltreiber ebenso.

5. Die Haremsdamen sitzen auf den Kamelen.
Die ganze Karawane zieht durch den Raum.
(Das kann der Auftakt für eine »Wüstendarbietung« sein.)

(3) Geschichtenerzähler in der Oase

Aus Pappe und Tüchern wird eine Wüsten/Oasenlandschaft hergestellt. In der Oase treffen sich Menschen, als Orientalen verkleidet, und erzählen lustige und ernste Geschichten. Jede/r, der/die mitmacht, sollte sich vorher eine Geschichte überlegen.

(4) Wüstenrätsel

Die unterschiedlichsten Begriffe, die zum Thema »Wüste« einfallen, werden gesammelt. Sie können als Buchstabenwirrwarr in Linien die Wüstendünen auf einem großen Blatt nachzeichnen *(vgl. Elsbeth Bihler, Kommt und seht, Werkbuch zur Erstkommunion und Beichtvorbereitung für Eltern und Kinder, Lahn-Verlag, Limburg 1991, Seite 58).* Die verschiedenen Gruppen erhalten dann die Aufgabe, aus den vorhandenen Buchstaben möglichst viele Worte zum Thema zusammenzusetzen. Einmal benutzte Buchstaben werden weggestrichen. Wer die meisten Worte gefunden hat, hat gewonnen.

(5) Spiel: Tiere in der Wüste

Miteinander wird überlegt, welche Tiere in und am Rand der Wüste leben. Sie werden in großen Buchstaben auf eine Tapete geschrieben. Dann verteilen sich alle im Raum. Musik wird eingespielt, zu der alle durch den Raum gehen. Wenn die Musik aufhört, ruft der/die Spielleiter/in den Namen eines Tieres. Sofort bewegen sich alle wie dieses Tier durch den Raum. Wenn die Musik wieder einsetzt, gehen alle wieder normal durch den Raum.

(6) Das Wüstenspiel

Es wird ein Spielplan als Würfelspiel mit ca. 30 Spielfeldern zurechtgemacht. Jedes dieser Spielfelder erhält eine Nummer. Dann werden 30 Karten angefertigt; auf der einen Seite stehen die 30 Zahlen und auf der Rückseite irgendein Begriff, der mit »Wüste« zu tun hat, z. B. 23 = Kamel.

Zu jedem dieser Begriffe wird auf ein Blatt eine Aufgabe geschrieben, z. B. 23 = Kamel: Zwei von euch spielen das Kamel, und der/die dritte muß darauf reiten.
Die Karten mit Zahlen und Begriffen werden verdeckt irgendwo im Haus/im Freien aufgehängt.
Im Raum verteilt sitzen der Spielleiter und drei Assistent(inn)en:
1. Eine/r am Spielplan,
2. eine/r am Aufgabentisch,
3. eine/r am Materialtisch.
Alle Mitspieler/innen werden jetzt in 5 bis 10 Gruppen aufgeteilt. Ein Vertreter der Gruppe darf würfeln. Die Gruppe zieht los und sucht die entsprechende Zahl, auf der sie im Spielplan gelandet war, liest den Begriff, aber läßt den Zettel für die anderen Gruppen hängen. Sie läuft geschlossen zum »Aufgabenverteiler«, der ihnen die Aufgabe stellt. Falls Material notwendig ist, holen sie es sich vom Materialtisch und stellen die gelöste Aufgabe dem »Spielleiter« vor. Die Gruppe, die zuerst am Ziel ist, hat gewonnen.

(7) Spiel: Die Wüstenschlange

Alle bilden eine Kette. Ein Ende wird als »Kopf« der Schlange festgelegt, das andere als »Schwanz«. Auf ein bestimmtes Zeichen hin muß der »Kopf« versuchen, den Schwanz zu fangen. Die gesamte Schlange windet sich dabei durch den Raum. Hat der Kopf den Schwanz gefangen, wird der Schwanz zum Kopf und muß nun den neu entstandenen Schwanz fangen.

(8) Die Fußspuren Gottes

Siehe Abschnitt 3 Nr. 4.

Die Geschichte wird vorgelesen. Dann erhalten alle den Auftrag, einen Spaziergang zu machen und Fußspuren Gottes zu entdecken. Wenn alle wieder beisammen sind, wird von den entdeckten Fußspuren Gottes erzählt.

(9) Film: Die Wüste lebt

Original: The living desert, USA 1953, Regie: James Algar

Den Naturfilm gemeinsam ansehen und dann besprechen.

(10) Einen Wüstentag erleben

Alle versuchen, einen Tag mit sich ganz allein zu sein: nicht sprechen, sich nicht ablenken, wenig essen. Jeder darf für den ganzen Tag nur drei Dinge, die ihm/ihr besonders wichtig sind, mitnehmen (die lebensnotwendigen Dinge eingeschlossen).

(11) Einen Oasentag erleben

Oase, das ist das Gegenteil zur Einsamkeit in der Wüste. Oase bedeutet Gemeinschaft. An diesem Tag einmal bewußt gemeinsam etwas in der Familie/Gruppe unternehmen.

Erde

1. Einführung in das Symbol

Das Wort »Erde« begegnet uns meist in zweifacher Bedeutung:
Zum einen sehen wir einen gepflügten Acker vor uns, der bereit ist, den Samen zu empfangen. Zum anderen denken wir an die ganze Welt; »Erde«, das ist der Name unseres heimatlichen Planeten. Der Auftrag Gottes in der Schöpfungsgeschichte lautet: »Macht euch die Erde untertan!« – gemeint ist die ganze Welt.
Wenden wir uns zunächst dem ersten Aspekt zu:
Die Farben der Erde sind je nach Landschaft sehr unterschiedlich. Wenn man im Frühjahr mit dem Zug oder dem Auto weite Strecken fährt, kann man es erleben. Der Acker ist umgepflügt, die Erde liegt vor unseren Augen – vom satten Dunkelbraun über Rotbraun bis hin zum Ockergelb reicht die Farbenpalette in unzähligen Abstufungen.
Wenn wir das Wort »Erde« hören, dann denken wir auch an guten Mutterboden, der Pflanzen gedeihen läßt, die Nahrung für Mensch und Tier sind. Als »Mutter Erde« wird der Ackerboden in vielen Dichtungen und Liedern besungen. »Mutter Erde« – so nennen auch die Indianer die Erde, die ihnen die Nahrung gibt. In vielen anderen Kulturen wurde »Die große Mutter« verehrt. Diese Bezeichnung macht deutlich, daß die Erde stets mit der weiblichen Fruchtbarkeit verbunden wurde, ohne die Leben nicht möglich ist. Die Erde wurde verbildlicht dargestellt in den weiblichen Göttinnen der Fruchtbarkeit, die den Samen in sich tragen und im Verborgenen den Samen wachsen und reifen lassen.
In den frühen Ackerbaukulturen waren es die Frauen, die den Ackerboden bearbeiteten, während die Männer auf die Jagd gingen oder Krieg führten. Die Fruchtbarkeit der Erde wurde mit der Fruchtbarkeit der Frau gleichgesetzt. Die frühen Pflanzerkulturen waren daher meist matriarchalisch geprägt. Die Frauen gingen auch mit der Erde selbst um: Sie waren es, die zuerst Gefäße und Plastiken aus Erde, aus Ton schufen.
Die Menschen in den frühen Kulturen stellten sich Gott als Töpfer vor, der aus Lehm, Ton oder Staub die Erde und den Menschen bildet. Diese Vorstellung konnte es aber erst dann geben, als das Töpferhandwerk von Männern ausgeübt wurde. Wir finden sie z. B. in vielen Mythen und Märchen der Indianer und anderer Naturvölker, aber auch im Alten Testament (Gen 2) und im Koran (Sure 82,7-9: »Allah

hat den ersten Menschen aus Lehm gebildet, geformt und ihn in eine Gestalt gefügt.«). Entscheidend für das Lebendigwerden der geformten Gebilde ist die Belebung durch den Geist Gottes bzw. das Einhauchen des Lebensatems. In einem apokryphen Evangelium wird aus der Kindheitsgeschichte Jesu erzählt, daß er Tauben aus Ton formte und ihnen Leben einhauchte, so daß sie davonflatterten.

Neben der mütterlichen Fruchtbarkeit, die Leben schenkt, ist die Erde in vielen Kulturen auch die große Mutter, die den Menschen nach seinem Tod wieder zu sich nimmt. In alten Weltvorstellungen befindet sich unter der Erde die Unterwelt, das Totenreich. So hat z. B. die sumerische Unterweltsgöttin Ereschkigal den Beinamen »Die große Erde«, und bei den Letten war die »Erdmutter« nicht nur Spenderin der Fruchtbarkeit, sondern sie hatte auch die Funktion einer Totenherrscherin. Daher sind Erdspalten und Höhlen in den Vorstellungen vieler Kulturen Eingänge zur Unterwelt, in christlichen Vorstellungen sind sie Eingänge zur Hölle: Die Erde öffnet sich und verschlingt die Bösen.

Daß wir im Tod zur Erde zurückkehren, ist auch im christlichen Begräbnisritual enthalten. Ebenso finden wir es wieder in der liturgischen Formel, die bei der Austeilung des Aschenkreuzes gesprochen wird: »Gedenke Mensch, daß du Staub bist und zum Staub zurückkehrst!«

Die Erde als eines der vier Elemente hat in Verbindung mit dem Element Wasser heilenden Charakter: Bis heute nehmen Menschen in Kuren Moor- und Schlammbäder; essigsaure Tonerde wurde und wird als Heilmittel verwendet. In der Erzählung von einer Blindenheilung im Neuen Testament macht Jesus aus Erde und Speichel einen Teig, der dem Blinden auf die Augen gelegt wird und bei der Heilung mitwirkt.

Der andere Aspekt führt uns die Erde als Planeten vor, als die ganze Welt mit allem, was auf ihr lebt. Diese gesamte Erde ist es, die Gott dem Menschen anvertraut hat.

Erde, das ist die Schöpfung Gottes – wie sie in der Bibel bezeichnet wird. Diese Mutter Erde ist bedroht. Sie, die Leben schenkt, wird von den Menschen zerstört. Deshalb ist das Leitwort von der Bewahrung der Schöpfung so wichtig, die bis heute »seufzt und in Geburtswehen liegt«, wie der Apostel Paulus im Römerbrief schreibt, bis sie ihre Vollendung im Reich Gottes erfährt.

2. Biblische Bezüge

(1) Erde/Acker

Genesis 2,4b-9.19
3,17-19
4,10-14
Jesaja 28,23-29
Matthäus 13,1-9
Matthäus 13,24-30
Markus 4,26-29
Johannes 9,1-12
1 Korinther 3,9

(2) Ton

Weisheit 15,7-13
Jesus Sirach 33,13
38,29-31
Jesaja 64,7
Jeremia 18,1-6

(3) Schöpfung/Erde als ganze Welt

Genesis 1,1 - 2,4a
8,20-22
1 Samuel 2,8
Psalm 22,28-30
104

(4) Erde als Ort der Unterwelt/Das Verderben

Numeri 16,29-34
2 Samuel 22,6-16
Jesaja 24,3-6.16-20

3. Geschichten/Texte

(1) Die Allmutter Erde

Die Erde will ich besingen, die Allmutter, die fest begründete, die älteste aller Wesen. Sie nährt alle Geschöpfe, alle, die auf der göttlichen Erde gehen, alle, die in den Meeren sich regen, und alle, die fliegen. Von ihrer Fülle leben sie alle. Dir, o Herrin, entsprießen gute Kinder und gute Ernten, du hast Gewalt, den sterblichen Menschen Leben zu geben oder zu nehmen. Glückselig ist, wen du wohlwollend ehrest. Im Überfluß wird ihm alles zuteil. Das fruchtbare Land

ist mit Getreide überladen, die Wiesen bedeckt mit Vieh, das Haus ist mit allem Trefflichen versehen. In der Stadt voll rechtschaffener Frauen herrscht man nach dem Gesetz, begleitet von Reichtum und Glück. Fröhlich frohlocken die Kinder, junge Mädchen, die Hände voll Blumen, springen frohgemut über die Blüten der Felder. Erhabene Göttin, solches genießen, die dich ehren, freigebige Gottheit!
Sei gegrüßt, Mutter Erde, Gattin des gestirnten Himmels. Spende gütig zum Lohn für mein Lied herzerfreuende Nahrung. Ich aber will nun deiner und anderen Sanges gedenken.

Homer

(2) Ein Lied der Dakota

Alles, was lebt, ist ihr Lied,
Alles, was stirbt, ist ihr Lied.
Auch der Wind, der da weht, ist ein Erdlied,
Und die Erde will alle ihre Lieder singen.

Lied der Windrose

Aus: Werner Müller, Geliebte Erde, 5. Auflage 1985, © Bouvier Verlag, Bonn.

(3) Das tägliche Wunder

Ich dachte, ich würde sie kennen, bis ich eines Tages das Wunder sah. Sie standen mit ihren Füßen auf demselben Boden, erhoben ihren Kopf in dieselbe Luft, in dieselbe Sonne und denselben Regen. Und der Apfelbaum machte Äpfel, und der Birnbaum, zehn Meter weiter, machte Birnen.
Ganz normal, sagten die Menschen. Aber ich konnte meinen Augen nicht glauben. Was sie aus demselben Boden holten, aus derselben Luft, aus derselben Sonne und demselben Regen, daraus machte der eine Baum Birnen und der andere, zehn Meter weiter, Äpfel. Und die sind ganz verschieden in Form, Farbe, Geruch, Geschmack. So ein Wunder hatte ich noch nie gesehen.

Phil Bosmans

Aus: Phil Bosmans, Liebe wirkt täglich Wunder. © Verlag Herder, Freiburg 15. Auflage 1998.

(4) Vom Acker kommt Erntesegen

Vom Acker kommt Erntesegen,
vom Weinberge schmackhafte Früchte
und von der Hl. Schrift belebende Lehre.

Der Acker gewährt nur für eine Zeit die Ernte,
und der Weinberg gewährt nur für eine Zeit die Weinlese,
aber die Hl. Schrift sprudelt, sooft sie gelesen wird,
belebende Lehre.

Ist der Acker abgeerntet, so hört er auf zu tragen;
ist der Weinberg abgeherbstet, so wird er unfähig,
im gleichen Jahr nochmals Früchte zu geben;
von der Hl. Schrift aber kann man täglich ernten,
ohne daß die Ähren in ihr für die Ausleger abnehmen,
und täglich kann man in ihr Weinlese halten,
ohne daß die Trauben
der in ihr hinterlegten Hoffnung ausgehen.

Nähern wir uns also diesem Acker
und genießen wir von dem Ertrag
seiner lebenspendenden Furchen!

Ernten wir von ihren Ähren des Lebens,
nämlich die Worte unseres Herrn
Jesus Christus!

Ephräm der Syrer (um 306-373)

(5) Wieviel Erde braucht der Mensch?

Einem armen Bauern, der kaum das Nötigste zum Leben hat, wird eines Tages ein unerwartetes Glück zuteil. Ein reicher Grundbesitzer erlaubt ihm, so viel Land als sein Eigentum zu erwerben, wie er in der Zeitspanne zwischen Sonnenaufgang und -untergang zu Fuß umschreiten kann. Die einzige Bedingung: Er muß, wenn die Sonne untergeht, genau wieder an dem Punkt angekommen sein, an dem er morgens aufgebrochen ist.
Zunächst ist der arme Bauer überglücklich, weil er bei weitem nicht den ganzen Tag brauchen wird, um so viel Land zu umwandern, wie er zu einem reichlichen Lebensunterhalt braucht. So geht er frohen

Mutes los, ohne Hast, mit ruhigem Schritt. Doch dann kommt ihm der Gedanke, diese einmalige Chance auf jeden Fall auszunützen und so viel Boden wie nur eben möglich zu gewinnen. Er malt sich aus, was er alles mit dem neugewonnenen Reichtum anfangen kann, wozu er ihn verwenden will. Sein Schritt wird schneller, und er orientiert sich am Stand der Sonne, um nur ja nicht den Zeitpunkt zur Rückkehr zu verpassen. Er geht in einem großen Kreis weiter, um noch mehr Land zu erhalten. Dort will er noch einen Teich hinzubekommen, hier eine besonders saftige Wiese und da wiederum ein kleines Wäldchen. Sein Schritt wird hastig, sein Atem wird zum Keuchen, der Schweiß des Laufens und der Schweiß der Angst treten ihm auf die Stirn. Endlich, mit letzter Kraft, ist er am Ziel angekommen: Mit dem letzten Strahl der untergehenden Sonne erreicht er den Ausgangspunkt, ein riesiges Stück Land gehört ihm – doch da bricht er vor Erschöpfung zusammen und stirbt; sein Herz war der Belastung nicht gewachsen. Es bleibt ihm jenes winzige Stück Erde, in dem er beerdigt wird; mehr braucht er jetzt nicht mehr.

Leo N. Tolstoi

(6) Die Morgenröte kleidet sich

Die Morgenröte kleidet sich in ihr Lichtgewand. Sie will Ehre erweisen dem Schöpfer der Menschen.
Der hohe Himmel legt die Decke seiner Wolken von sich. Er beugt sich vor dem Schöpfer der Menschen.
Die Sonne, die Königin unter den Sternen, breitet ihre Strahlen aus wie goldenes Haar.
Der Wind, der über die Erde geht, streichelt auf seinem Weg die Wipfel der Bäume, und wir hören ihn reden in den Zweigen.
In den Bäumen singen die Vögel und bringen ihr Lied dar dem Herrn der Erde.
Die Blumen breiten ihre Farben aus und ihren Duft. Es ist herrlich, sie zu sehen.
So rühmt auch mein Herz dich, meinen Vater, bei jeder Morgenröte aufs neue, du, mein Schöpfer.

Gebet der Indianer Perus

(7) Der Sonnengesang des heiligen Franziskus

Höchster und allmächtiger und gütiger Gott,
dir gebühren Anerkennung und Lob,
dir auch Ehre und Wohlwollen,
dir allein, Gewaltiger, gehören sie.
Kein Mensch kann es wagen,
deinen Namen würdig und recht zu nennen.

Anerkennung und Lob kommen dir, mein Gott,
von allen Geschöpfen,
vor allem durch unsere Schwester Sonne.
Sie führt den Tag heran
und leuchtet uns mit ihrem Licht.
Unbeschreiblich schön steht sie oben
in mächtigem Glanz.
Sie ist, höchster Gott,
dein Bild und Zeichen.

Anerkennung und Lob kommen dir, mein Gott,
durch unseren Bruder Mond
und seine Geschwister, die Sterne.
Du hast sie am Himmel hoch oben geformt,
klar, kostbar wie Edelsteine und schön.

Anerkennung und Lob kommen dir, mein Gott,
durch unseren Bruder Wind,
durch die Luft und die Wolken,
durch den heiteren Wechsel des Wetters.
Mit ihnen belebst du alle Geschöpfe.

Anerkennung und Lob kommen dir, mein Gott,
durch das Wasser,
unserer schlichten und einmaligen
und keuschen Schwester
und unser aller Dienerin.

Anerkennung und Lob kommen dir, mein Gott,
durch das Feuer,
Bruder und Gefährte der Nacht.
Es erleuchtet und ist schön und heiter,
stark und gewaltig.

Anerkennung und Lob kommen dir, mein Gott,
durch unsere Schwester Erde.
Als Mutter sorgt sie sich um uns und nährt uns.
Sie trägt viele Früchte,
lustig bunte Blumen und Gräser.

Anerkennung und Lob kommen dir, mein Gott,
von allen, die stets aus Liebe zu dir verzeihen
und Not und Mühsal auf sich laden.
Selig sind, die in deinem Frieden ausharren
und geduldig sind.
Du, Höchster, wirst sie einst krönen.

Anerkennung und Lob kommen dir, mein Gott,
durch unseren Bruder, den leiblichen Tod.
Kein Lebendiger kann ihm entkommen.
Wehe denen, die in todbringender Schuld sterben.
Selig das Sterben derer,
die in deinem heiligen Willen geborgen sind.
Der zweite Tod hat darüber keine Macht.

Lobt und preist den Herrn,
zeigt euch dankbar und dienet ihm
in Demut und Bescheidenheit.

Übersetzung von P. Hans Wallhof

(8) Töpferlied

1. wer hat uns denn
aus ton gedreht
die beine und den bauch
den hals die arme
und den kopf
und unsre augen auch

2. die erde dreht sich
tag und nacht
und mit uns geht es rund
wir sind aus erde
und aus *mehr*
und wiegen wieviel pfund

3. wer hat uns denn
aus ton gedreht
ein töpfer der was kann
die da hat er zur
frau gemacht
und diesen da zum mann

4. wer hat uns denn
aus ton gedreht
den töpfer möcht ich sehn
wo wohnt er denn
in welchem land
ich möchte ihn verstehn

5. die töpferscheibe
dreht sich rund
wer mag sie nur so drehn
die erde dreht sich
tag und nacht
und wir sind im entstehn

6. es macht uns eine
töpferhand
ein klumpen feuchter dreck
der töpfermann
haucht leben ein
und nimmt es wieder weg

7. bedenke mensch
du bist aus staub
die beine und der bauch
der hals die arme
und der kopf
und deine augen auch

Wilhelm Willms

Aus: Wilhelm Willms, aus der luft gegriffen. Verlag Butzon & Bercker, Kevelaer, 4. Aufl. 1984.

(9) Gagarin

Er sah die Erde schweben
in ihrem hellen Blau,
und wo die Menschen leben,
sah er genau.

Da waren große Flüsse,
da war sein Heimatland,
er hat ihm seine Grüße
hinabgesandt.

Er grüßte auch die Meere,
den Sand von Afrika,
die wilde Kordillere
tief unten da.

Ein Mensch, zum ersten Male
so hoch, so weit, so fern,
schickte die fröhlichen Signale
dem liebsten Stern.

Albert Gabriel

Aus: Vorlesebuch Religion 2, Verlag Ernst Kaufmann, Lahr/Vandenhoeck & Ruprecht, Göttingen 9. Auflage 1987, Rechte unbekannt.

(10) Kinderlied für den Frieden

Jeder Schritt auf dieser Erde
soll ein Schritt zum Frieden sein,
daß sie Gottes Erde werde –
dazu ist kein Schritt zu klein.

Jedes Wort auf dieser Erde
soll ein Wort zum Frieden sein,
daß sie Gottes Erde werde –
dazu ist kein Wort zu klein.

Jeder Mensch auf dieser Erde
soll ein Mensch des Friedens sein,
daß sie Gottes Erde werde –
dazu ist kein Mensch zu klein.

Rudolf Otto Wiemer

4. Lieder/Tanz und Musik

(1) Eine Handvoll Erde

2. Auf der Erde kannst du stehen – stehen, weil der Grund dich hält,
   und so bietet dir die Erde einen Standpunkt in der Welt.
   In die Erde kannst du pflanzen – pflanzen einen Hoffnungsbaum,
   und er schenkt dir viele Jahre einen bunten Blütentraum.

3. Auf der Erde darfst du leben – leben ganz und jetzt und hier,
   und du kannst das Leben lieben, denn der Schöpfer schenkt es dir.
   Unsre Erde zu bewahren – zu bewahren, das, was lebt,
   hat Gott dir und mir geboten, weil er seine Erde liebt.

T: Reinhard Bäcker M: Detlev Jöcker
Aus: Buch, CD und MC Viele kleine Leute

Tanzbeschreibung:

Aufstellung im Kreis.

1. Str.:

Takt 1-3:	Alle hocken und »spielen« pantomimisch mit Erde.
Takt 4:	Bei »Wind« stehen alle auf und führen schnell die Arme nach oben.
Takt 5-8:	Alle fassen die nach oben gehaltenen Hände und wiegen hin und her.

Takt 9-12: Die Arme werden nach unten geführt, und alle stellen sich eng nebeneinander.
Takt 13-14: Alle gehen vier Schritte nach hinten.
Takt 15-16: Alle drehen sich mit langsamen vier Schritten nach außen.
Refrain:
Takt 1-2: Alle hocken sich, formen die Hände zu einer Schale am Boden.
Takt 3-4: Alle stehen langsam auf und strecken die zur Schale geformten Hände nach vorne.
Takt 5-8: Die Hände werden ganz nach oben geführt und seitwärts geöffnet. (Bei der Wiederholung des Refrains drehen sich alle bei Takt 7-8 wieder zur Mitte.)

2. Str.:
Takt 1-8: Alle fassen sich an den Händen und stehen in leichter Grätschstellung fest auf dem Boden.
Takt 9-16: Alle führen die Hände nach oben und wiegen wie ein Baum hin und her, in den letzten zwei Takten wieder langsame Drehung nach außen.
Refrain: Wie oben.

3. Str.:
Takt 1-4: Alle fassen sich an den Händen und gehen sechzehn Schritte rechts herum im Kreis. Rechts beginnt.
Takt 5-8: Alle gehen wie oben, nur links herum.
Takt 8-12: Alle strecken die Arme vor, schräg nach oben, die Handflächen zeigen zur Mitte
Takt 13-16: Drehung nach außen und wieder in die Hocke zum Refrain.
Refrain: Wie oben.

(2) Im Märzen der Bauer

2. Die Bäurin, die Mägde, sie dürfen nicht ruhn;
   sie haben im Haus und im Garten zu tun.
   Sie graben und rechen und singen ein Lied,
   sie freun sich, wenn alles schön grünet und blüht.

3. So geht unter Arbeit das Frühjahr vorbei,
   da erntet der Bauer das duftende Heu.
   Er mäht das Getreide, dann drischt er es aus;
   im Winter, da gibt es manch fröhlichen Schmaus.

T und M: Volkslied aus Nordmähren, Fass.: Walther Hensel
Aus: Bruder Singer, BA 1250

(3) Was uns die Erde Gutes spendet

Gotteslob Nr. 490.

Alle stellen sich in einer Reihe auf, nehmen die Gaben, die zum Altar gebracht werden sollen und gehen mit langsamen Schritten, dem Rhythmus des Liedes entsprechend, zum Altar.

(4) Danke schön sagen wir

2. Du schenkst uns deine Gaben,
daß wir zu essen haben.
Ja, alles kommt von dir.
Drum danken wir dafür.

3. Du läßt den Regen fallen und
hell die Sonne strahlen.
Ja, alles kommt von dir.
Drum danken wir dafür.

4. Den Tag hast du erschaffen,
die Nacht zum guten Schlafen.
Ja, alles kommt von dir.
Drum danken wir dafür.

5. Die Pflanzen auf den Feldern,
die Bäume in den Wäldern.
Ja, alles kommt von dir.
Drum danken wir dafür.

6. Du läßt die Vögel singen.
   Auch unser Lied soll klingen.
   Ja, alles kommt von dir.
   Wir danken dir dafür.

T: Rolf Krenzer M: Peter Janssens
Aus: Kommt alle und seid froh, 1982

Tanzbeschreibung:

Alle stehen im Kreis.

1. Str.:
Takt 1-4: Die Arme öffnen sich nach oben.
In jeder Strophe gleich:
Takt 5-6: Alle beschreiben einen Kreis um sich selbst herum und beschreiben dabei mit dem rechten Arm einen großen Kreis.
Refrain:
Takt 1: Alle hüpfen auf der Stelle und kicken dabei mit dem linken Bein zweimal nach vorne.
Takt 2: Das gleiche mit dem rechten Bein.
Takt 3: Zwei Beistellschritte nach rechts.
Takt 4: Zwei Beistellschritte nach links.
Takt 5-8: Wie Takt 1-4.

2. Str.:
Die Hände werden wie eine Schale geformt und dann mit den Armen von oben nach unten geführt.

3. Str.:
Regen: Die Arme werden von oben nach unten geführt, dabei spielen die Finger den tropfenden Regen.
Sonne: Beide Arme beschreiben einen großen Kreis.

4. Str.:
Tag: Die Arme werden von unten nach oben geführt und dabei geöffnet.
Nacht: Die Handflächen werden aufeinander gelegt und an eine Gesichtshälfte geführt. Die Augen werden geschlossen.

5. Str.:
Pflanzen: Alle beugen sich zur Erde und spielen mit den Fingern und den Körpern das Wachsen.
Bäume: Alle heben die Arme und wiegen sich wie Bäume im Wind.

6. Str.:
Vögel: Alle führen die eine Hand zur Vergrößerung der Ohrmuschel zum Ohr.
Unser Lied: Alle werfen die Arme nach oben.

(5) Menschenkinder auf Gottes Erde

2. Daß die Blumen jeden freuen,
daß sie wachsen und gedeihen,
daß ihr Duft bei Tag und Nacht
Gottes Schöpfung fröhlich macht.

3. Daß ein jedes Tier sein Leben,
das ihm selbst von Gott gegeben,
ungehindert leben kann,
gebt gut acht und rührt nichts an!

4. Daß ganz rein die Bäche fließen
zwischen Feldern, zwischen Wiesen.
Sauber fließt der Fluß daher,
sauber auch das große Meer.

5. Mond und Sonne in der Ferne.
Nachts der Himmel voller Sterne.
Gott schuf diese schöne Welt,
daß es allen hier gefällt.

6. Luft zum Atmen, Brot zum Leben.
Zeit und Raum von Gott gegeben.
Und Gott spricht: »Macht euch bereit,
geht und wirket in der Zeit!«

T: Rolf Krenzer M: Detlev Jöcker
Aus: Buch, CD und MC Viele kleine Leute

(6) Jeder Teil dieser Erde

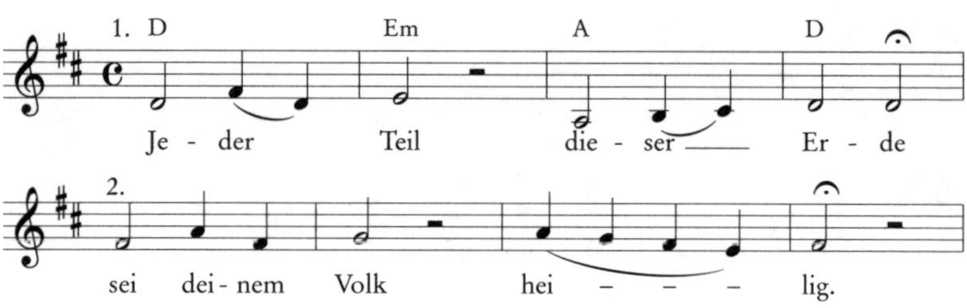

T: Arrow Smith M: Stefan Vesper
Quelle: Rede des Indianerhäuptlings Seattle
Aus: Für heute und morgen, Liederbuch 1, 1981

Tanzbeschreibung:

Die Tänzer/innen stehen in vier Ecken des Raumes jeweils im kleinen Kreis. Sie symbolisieren die vier Himmelsrichtungen.
Der Tanz wird erst von allen gleichzeitig, dann als Kanontanz getanzt. Schrittfolge: halbe Noten.

Takt 1-4: Acht Schritte: rechts seit, links kreuzt hinten, rechts seit, links kreuzt vorne ..., der letzte Schritt links wird nur neben dem rechten Bein aufgetippt.
Takt 5-8: Acht Schritte links seit, rechts kreuzt hinten, links seit, rechts kreuzt vorne ..., der letzte Schritt rechts wird beigestellt.
Takt 9: Rechts wiegen.
Takt 10: Links wiegen.
Takt 11-12: Jeder dreht sich um sich selbst mit ausgebreiteten Armen.
Takt 13-14: Die Hände werden zum Kreis durchgefaßt, vier Schritte in die Mitte.
Takt 15-16: Vier Schritte mit gesenktem Oberkörper zurück.

(7) Andere Lieder aus dem Gotteslob

– Erfreue dich, Himmel, Nr. 259
– Die ganze Welt, Herr Jesu Christ, Nr. 219

(8) Musik zum Anhören

- Antonio Vivaldi, Die vier Jahreszeiten
- Josef Haydn, Die Jahreszeiten, besonders Arie: Nun schreitet froh der Ackersmann (Nr. 3 + 4)
- Ludwig van Beethoven, Sinfonie Nr. 6 »Pastorale«

(9) Verklanglichung: Die Schöpfungsgeschichte (Gen 1,1 - 2,4a)

Alle sitzen im Kreis. In der Mitte liegen die unterschiedlichsten Orff'schen und selbstgebastelten Instrumente. Die einzelnen Schöpfungstage werden abschnittweise vorgelesen. Dann werden unterschiedliche Möglichkeiten ausprobiert, die zu dem genannten Gegenstand oder Lebewesen passen. Wenn alle sich einig sind und jedem Schöpfungstag passende Geräusche zugeordnet sind, wird der Text noch einmal im Zusammenhang gelesen und verklanglicht.

(10) Verklanglichung: Das Gleichnis vom Sämann (Mt 13,1-9)

Vorstellung:	**Verklanglichung:**
Der Sämann	*Melodie auf dem Xylophon*
Die Körner	*leises Tremolo im oberen Winkel einer Triangel*
Weg	*Handtrommelschläge*
Vögel	*Blockflötenkopf*
Felsen	*Holzblocktrommel, Klanghölzer*
Die Saat geht auf.	*Glockenspiel-Arpeggio von tiefen zu hohen Tönen*
Sonne	*Beckenschlag verklingen lassen.*
Die Saat verdorrt.	*Glockenspiel-Arpeggio von hohen Tönen zu tiefen Tönen*
Dornen	*Rumbarasseln*
Guter Boden	*klangvolle Töne auf dem Metallophon*

Die Saat wächst.	*Glockenspiel-Arpeggio von tiefen zu hohen Tönen, mehrmals hintereinander*

(11) Weitere Texte zum Verklanglichen

Vorgehensweise wie bei Nr. 10.
- Die Morgenröte kleidet sich (Abschnitt 3 Nr. 6)
- Der Sonnengesang des Franz von Assisi (Abschnitt 3 Nr. 7)

(12) Bilder verklanglichen

Siehe Abschnitt 5.

Die Bilder werden miteinander angesehen. Die Dinge und Farben, die zu sehen sind, werden benannt. Alle, die möchten, versuchen das, was benannt ist, improvisatorisch in Klang umzusetzen.
Eine andere Möglichkeit ist, daß die Stimmung, die ein Bild für die einzelnen zum Ausdruck bringt, nicht benannt, sondern erst in Klang umgesetzt wird.
- Vincent van Gogh: Der Sämann
- Vincent van Gogh: Die Ernte
- Erde, gute Erde
- Sieger Köder: »Und Gott sah alles an, was er gemacht hatte, und es war sehr gut«
- Thomas Zacharias: Die Schöpfung (Holzschnitt)
- Thomas Zacharias: Die Schöpfung (Linolschnitt)

(13) Lieder der Erde erfinden

Siehe Abschnitt 3 Nr. 2.

Alle sitzen im Kreis. Instrumente sind im Raum verteilt. Der Text »Ein Lied der Dakota« wird vorgelesen. Einige Zeit lang versuchen sich alle vorzustellen, wer und was alles das Lied der Erde singt. Dann versuchen alle, eine Melodie zu einem kleinen selbstgemachten Text zu erfinden, durch Summen, auf den Stabspielen, mit Flöten o.ä. (Diese Phase kann einzeln, paarweise oder in kleinen Gruppen durchgeführt werden.) Dann werden die Lieder der Gruppe vorgestellt. Bevor gespielt und gesungen wird sagen die, die an der Reihe sind: »Ich/wir singe/n das Lied der Rose (des Schmetterlings ...)«

5. Bilder

- Fotos von gepflügten Äckern
- Foto von einem Querschnitt durch die Erdschichten
- Fotos »Eine Handvoll Erde«
- Foto von der Weltkugel
- Globus
- Ernte-Dank (Fotomontage)
  Aus: Wilhelm Böhm, Lieder, Texte und Bilder zum Kirchenjahr V. Die Herbstfeste, av-edition München/Offenbach 1986.
- Vincent van Gogh: Der Sämann
- Regina Schmidt: Ein Bauer geht aufs Feld (Bildmappe)
  RPA-Verlag, Landshut 1987.
- Paul Reding: Das Gleichnis vom Sämann
  Aus: Paul Reding, Nebenan ist Jericho, Verlag Butzon & Bercker, Kevelaer 1976.
- Vincent van Gogh: Die Ernte
- Erde, gute Erde (Poster)
  RPA-Verlag, Landshut 1978.
- Sieger Köder: »Und Gott sah alles an, was er gemacht hatte, und es war sehr gut«
  Schwabenverlag, Ostfildern.
- Thomas Zacharias: Die Schöpfung (Holzschnitt)
  Aus: Farbholzschnitte zur Bibel, Kösel-Verlag, München.
- Thomas Zacharias: Die Schöpfung (Linolschnitt)
  Aus: Bilder zum Glaubensbuch, Patmos Verlag, Düsseldorf 1983.

6. Gestalten/Malen/Basteln

(1) Gestaltung der Mitte

– auf Tüchern ein Brett mit Erde
– braune Tücher, als Ackerfurchen gelegt
– ein Globus auf einem blauen Tuch
– ein Foto von der Welt
– die Figur eines Sämannes

(2) Gestaltungsspiel: Erde

Am Rand eines Kreises liegen viele Tücher, Tuchstreifen, Steine und anderes Legematerial bereit. Gemeinsam wird in der Mitte ein großes Bild von der Erde gelegt:
Die braune Erde, was auf ihr wächst und lebt ...
Alle, die eine Idee haben, dürfen nacheinander mitgestalten.

(3) Bilder nachlegen

Folgende Bilder aus Abschnitt 5 eignen sich, mit Tüchern oder buntem Papier nachgelegt zu werden:
– Fotos von gepflügten Äckern
– Foto von einem Querschnitt durch die Erdschichten
– Erde, gute Erde
– Thomas Zacharias: Die Schöpfung (Holzschnitt)

(4) Bilder nachmalen

Folgende Bilder aus Abschnitt 5 können gut nachgemalt werden:
– Thomas Zacharias: Die Schöpfung (Linolschnitt)
– Thomas Zacharias: Die Schöpfung (Holzschnitt)
– Sieger Köder: »Und Gott sah alles an, was er gemacht hatte, und es war sehr gut«
– Erde, gute Erde
– Vincent van Gogh: Der Sämann

(5) Bilder malen

Zu folgenden Themen können Bilder gemalt werden:
- Das Gleichnis vom Sämann (Mt 13,1-9)
- Heilung eines Blinden (Joh 9,1-12)
- Die Schöpfungsgeschichte (Gen 2,4b-9.19)
- Psalm 104
- Das tägliche Wunder (Abschnitt 3 Nr. 3)
- Der Sonnengesang des Franz von Assisi (Abschnitt 3 Nr. 7)
- Gagarin (Abschnitt 3 Nr. 9)

(6) Erdschichten

Material:
Wasserfarben, saugfähiges Papier, Pinsel

Methode:
Den Querschnitt durch die Erdoberfläche mit ihren verschiedenfarbigen Erdschichten mit Wasserfarben malen.

(7) Leporello: Der Sonnengesang des Franz von Assisi

Siehe Abschnitt 3 Nr. 7.

Material:
Abtönfarben o. ä., große Bögen Papier, Pinsel

Methode:
In verschiedenen Kleingruppen werden die einzelnen Strophen des Sonnengesanges gemalt und dann die einzelnen Bilder aneinandergeklebt, so daß man sie beim Lesen und Singen nacheinander sichtbar machen kann.

(8) Collage: Der Erdkreis (Psalm 104)

Material:
ein weißes Bettuch oder ein sehr großer Bogen weißes Papier, Fotos und Texte aus Zeitungen und Illustrierten von allem, was im Psalm erwähnt wird, Farben, Pinsel, Klebstoff, Tapete, Stifte

Methode:
Der Psalm wird miteinander gelesen. Die Dinge, die als Gottes Schöpfung benannt werden, werden auf eine Tapete geschrieben. Die

Zeitungen und Illustrierten werden nach entsprechenden Fotos und Schriftzügen durchforstet, die dann gegebenenfalls ausgeschnitten und auf das Bettuch in die Mitte gelegt werden. Die einzelnen Fotos werden nach Sachgebieten geordnet, z. B. Wasser – Licht – Tiere – ... Auf das Bettuch wird ein großes Rad gemalt. In die Radnabe in der Mitte wird mit großen Buchstaben »Gott« geschrieben und die Fotos werden, nach Sachgebieten geordnet, in die Zwischenräume der Speichen geklebt.

(9) Tonpapiercollage: Friedensschritte

Siehe Abschnitt 3 Nr. 10.

Material:
buntes Tonpapier, Stifte, großer Bogen Papier, Klebstoff, Scheren

Methode:
Der Text »Kinderlied für den Frieden« wird vorgelesen. Alle überlegen (evtl. auch in drei kleinen Gruppen), welche Schritte zum Frieden es gibt, welche Worte Worte des Friedens und welche Menschen Friedensstifter sind.
Auf buntem Tonpapier werden nun Fußumrisse (die eigenen Füße umrahmen), Menschenfiguren und die für die Friedensworte notwendigen Buchstaben vorgezeichnet, die anschließend ausgeschnitten werden. In die Fußabdrücke aus Tonpapier werden »Friedensschritte« geschrieben und in die Menschen Beispiele für »Friedensstifter«. Auf den großen Bogen Papier wird eine Weltkugel mit den Umrissen der Kontinente gezeichnet.
Jetzt werden die Fußabdrücke, die Friedensworte und die Figuren so in und um die Weltkugel gelegt, daß ein schönes Bild entsteht. Wenn alle mit der Gesamtkomposition des Bildes einverstanden sind, werden die Schritte, Worte und Menschen aufgeklebt.

(10) Menschenkinder (Gemeinschaftsbild)

Siehe Abschnitt 4 Nr. 5.

Material:
Wachsmalstifte oder Wasserfarben und Pinsel, ein großer Bogen Papier

Methode:
Das Lied wird miteinander gesungen. Das, worauf Menschenkinder in Gottes Schöpfung achten sollen, wird benannt.
Jedem dieser Schöpfungsdinge wird ein bestimmter Platz auf dem Papier zugewiesen. Dorthin wird es gemalt, und dazwischen werden viele Menschenkinder gemalt, die Gottes Schöpfung bewahren sollen.

(11) Wollfadenbild: Schöpfung

Material:
einfarbiger Teppichboden oder Teppichfliesen, eine Schüssel mit Wasser, bunte Wollfäden

Methode:
Die Wollfäden werden ins Wasser gelegt. Die Schöpfungsgeschichte wird vorgelesen. Den einzelnen Schöpfungstagen entsprechend werden mit den bunten Wollfäden Bilder gelegt: entweder nur die Umrisse oder auch ausgefüllte Bilder (dazu muß man die Fäden ganz dicht legen).

(12) Wandbild: Unsere Erde

Material:
eine Wand mit großen Papierbögen bespannt, einen Tageslichtprojektor (TLP), Folien mit den einzelnen Erdteilen, Bleistifte, Farbstifte oder Wasserfarben und Pinsel

Methode:
Mit dem TLP werden die Erdteile (Reihenfolge im Atlas nachsehen) an die Papierwand projiziert und nachgezeichnet. Dann werden sie farbig bemalt.

(13) Die Erde als Planet in unserem Sonnensystem

Material:
Papier, Stifte, Atlas

Methode:
In einem Atlas wird genau nachgesehen, welche Position der Planet Erde in unserem Sonnensystem einnimmt. Dann wird versucht, davon eine Darstellung aus dem Gedächtnis zu zeichnen.

(14) Bild aus verschiedenfarbiger Erde legen

Material:
verschiedenfarbige Erde, ein quadratisches, 5 cm tiefes Loch im Gartenboden (Größe des Loches je nach Möglichkeit)

Methode:
Von einer Fahrt wird von verschiedenen Gegenden eine Tüte Erde mitgebracht. Die verschiedenen Erdsorten werden nebeneinander auf dem Boden ausgebreitet. Man schaut sich die Farben der Erde an und überlegt, zu welchem Bildinhalt die Farben passen könnten. Das Bild wird dann in dem ausgehobenen Loch mit der verschiedenfarbigen Erde gestreut.

(15) Mit Erde/Lehm gestalten

Material:
feuchte Erde oder Lehm, ein Eimer mit Wasser, große Plane

Methode:
Aus der Erde bzw. dem Lehm werden unterschiedliche Dinge und Figuren geformt: Häuser, Burgen, Bäume, Blumen, Menschen, Tiere ...

(16) Aus Lehm einen Ofen herstellen

Material:
Erde und Lehm, Eimer mit Wasser, Spachtel

Methode:
In einer Ecke eines Gartens oder einer Landschaft, in der lehmiger Boden zu finden ist, wird ein Loch gegraben und der Lehm an der Seite aufgeschichtet. Die Rückwand sollte ein Felsen oder eine Steinmauer sein. Die Seitenwände werden so gezogen, daß sie sich nach oben verjüngen und sich im spitzen Winkel treffen. Eine kleine Lücke als Rauchabzug bleibt offen. Dann wird der Ofen auch nach vorne hin aus Lehm zugebaut, nur eine Öffnung zum Feuerschüren bleibt offen. Jetzt kann im Ofen ein kleines Feuer entzündet werden, damit er trocknet. Eine Variante ist es, den Ofen aus zwei Etagen zu bauen, indem man auf halber Höhe eine Decke einzieht und in der oberen Etage eine Öffnung läßt, in die man Dinge, die gebacken werden sollen, hineinschieben kann.

(17) Lehmziegel formen und damit bauen

Material:
Lehm, mehrere rechteckige Holzbrettgestelle in Ziegelgröße

Methode:
Von einer lehmigen Gegend wird in einer Schubkarre Lehm geholt. Auf einem festen Untergrund, der viel von der Sonne beschienen wird, werden die Holzbrettgestelle aufgestellt und mit Lehm fest ausgefüllt. Dann werden die Gestelle abgezogen und die Ziegel bleiben zum Trocknen liegen. Wenn sie gut durchgetrocknet sind, kann damit eine kleine Mauer o. ä. gebaut werden.

(18) Töpfern

Material:
Ton, Töpferbesteck

Methode:
Der Ton wird warm und biegsam geknetet und dann geformt und bearbeitet. Das Töpfern kann nach Musik geschehen, frei improvisierend oder zu einem bestimmten Thema.

(19) Naturcollage: Das Gleichnis vom Sämann (Mt 13,1-9)

Material:
Erde, Steine, Dornen, eine flache Kiste, Sand, Körner ...

Methode:
In einer flachen Kiste wird aus den entsprechenden Naturmaterialien die Landschaft zum Gleichnis vom Sämann gelegt: der Weg, das Dornengestrüpp, die Steingegend und der gute Ackerboden. Weizenkörner werden darüber ausgesät.

7. Stilleübungen

L = Leiter/in; TN = Teilnehmer/in(nen). Jede freie Zeile im Sprechtext bedeutet eine längere Sprechpause.

(1) Eine Handvoll Erde

Alle TN sitzen im Kreis. In der Mitte liegt auf einem Brett ein großer Erdhaufen. Alle schauen zur Mitte. Die Melodie (Refrain) von »Eine Handvoll Erde« wird immer wieder gesummt (siehe Abschnitt 4 Nr. 1).

L spricht:
Nacheinander wollen wir jetzt zur Mitte gehen und uns eine Handvoll Erde holen.

Wenn alle wieder auf ihren Plätzen sitzen, spricht L den Refrain des Liedes »Eine Handvoll Erde« einmal langsam vor, dann wird die Melodie gesummt und dann der Refrain gesungen.

L spricht:
Eine Handvoll Erde halten wir in der Hand.
Wir spüren, wie kühl sie ist.
Wir sehen ihre dunkle Farbe.
Wir ahnen ihre bergende Kraft.

In der Erde ist es dunkel und feucht.
In der dunklen Erde leben viele kleine Lebewesen,
die sie durch ihre unermüdliche Arbeit fruchtbar machen.
Die Erde birgt den Samen, die Blumenzwiebel,
aus der die schönsten und nützlichsten Pflanzen wachsen.
Ob kleine Gräser oder riesige Bäume,
sie alle entspringen der Erde.
Und sie birgt kostbare Schätze und Mineralien.

Die Erde gibt allem Halt,
was auf ihr lebt und wächst.
In sie hinein verankern die Bäume ihre Wurzeln.
In sie hinein bauen Tiere ihre Höhlen.
Auf ihr bauen Menschen ihre Häuser.
Auf ihr bewegen sich Menschen und Tiere.
Die Erde ist der tragende Grund.

Eine Handvoll Erde halten wir in der Hand.
Wir spüren, wie kühl sie ist.
Wir sehen ihre dunkle Farbe.
Wir ahnen ihre bergende Kraft.

Alle singen noch einmal den Refrain des Liedes und tragen dann vorsichtig ihre Handvoll Erde wieder zur Mitte.
Jetzt kann das ganze Lied miteinander gesungen und um die Mitte herum getanzt werden.

(2) Wir sind wie ein Acker

Alle gehen zu einem frisch umgepflügten Acker und lassen sich an seinem Rand nieder. (Falls das nicht möglich ist, kann auch ein Bild von einem frisch gepflügten Acker gezeigt werden.)
Die Arie »Nun schreitet froh der Ackersmann« aus J. Haydn, Die Jahreszeiten (siehe Abschnitt 4 Nr. 8) wird nach Möglichkeit vorgespielt.

L spricht:
Gott hat uns Menschen die Erde anvertraut.
Seit Menschengedenken wird der Boden bearbeitet.
Er wird gehegt und gepflegt,
damit er immer wieder Frucht bringt.
Wenn er hemmungslos ausgebeutet wird,
ist er schnell ausgelaugt und bringt keinen Ertrag mehr.

Die Erde braucht Abwechslung.
Man kann nicht Jahr für Jahr die gleiche Frucht
in derselben Erde großziehen.
Auch dann wird sie unfruchtbar.

Wir sind wie der Ackerboden:
Die Jahre unseres Lebens haben Furchen gezogen.
Wir wurden bearbeitet,
damit wir etwas lernen
und wachsen
und reifen
und Frucht bringen.

Sind wir guter Boden?
Wer hat uns bearbeitet und geformt?
Welche Früchte sind durch uns gewachsen?

Wer oder was hat uns vielleicht ausgelaugt
und ausgebeutet?
Erinnern wir uns an unfruchtbare Zeiten?

Jesus erzählt auch ein Gleichnis vom guten und vom unfruchtbaren Boden:

Das Gleichnis vom Sämann (Mt 13,1-9) wird vorgelesen.
Dann gehen alle einmal um den gepflügten Acker herum, falls man sich im Freien befindet.

(3) Körpererfahrung: Geerdet sein

Alle stehen im Raum verteilt. Zu ruhiger Musik gehen alle durch den Raum. Wenn die Musik aufhört, bleiben alle stehen.

L spricht:
Wir stehen mit beiden Beinen auf der Erde.
Wir stellen die Beine leicht gegrätscht.

Wir spüren den Grund unter den Füßen.
Unsere Fußsohlen wachsen in die Erde.
Wir verwurzeln uns.

Die Erde zieht uns an.
Wir knien uns hin.
Jetzt spüren wir den Boden an unserem Schienbein,
an dem oberen Bereich unseres Fußes.

Wir setzten uns hin.
Wir strecken die Beine leicht gegrätscht vor uns.
Wir spüren den tragenden Grund an unseren Gesäßknochen,
am Oberschenkel, am Unterschenkel, an den Fersen.

Die Erde zieht uns weiter zu sich.
Wir legen uns lang auf unseren Rücken.
Jetzt spüren wir die Erde,
wie sie uns ganz trägt.

Wir brauchen selbst keine Kraft mehr,
um uns aufrecht zu halten.
Wir können uns ganz loslassen.
Wir können uns ganz der Erde überlassen.
Wir spüren sie am Hinterkopf,
an den Schultern,
am Rücken,
am Gesäß,
an den Beinen bis hinunter zur Ferse.

An dieser Stelle kann eine Pause sein und ruhige Musik eingespielt werden.

Dann spricht L weiter:
Langsam gehen wir wieder in unsere Ausgangsstellung zurück.
Immer mehr lösen wir uns von der Erde.

Wir richten den Oberkörper auf,
wir knien,
wir stellen uns wieder hin.
Die Erde trägt uns, wenn wir uns fortbewegen.

Zur Musik schreiten wir langsam durch den Raum.

Wieder wird Musik eingespielt, zu der die TN durch den Raum gehen. (Besonders gut kann diese Körpererfahrung gelingen, wenn man sie direkt auf der Erde, auf einer Wiese ... durchführt.)

(4) Kleine Erde

Alle sitzen im Kreis. In der Mitte liegt oder steht ein Globus oder eine andere Weltkugel, oder es liegt ein Foto von der Erde aus dem Weltall in der Mitte.
Der Text »Gagarin« (siehe Abschnitt 3 Nr. 9) wird vorgelesen.

L spricht:
Die Erde, so groß und weit,
ist doch so klein.
Und wir –
wir sind nur ein winzig kleines Sandkörnchen in der Unendlichkeit des Weltalls.

Aber trotz unserer Winzigkeit ist da einer,
der sagt: »Du«.

Es braucht nur einen kleinen Satz:
»Du bist mir ungeheuer wichtig.«
Und schon wird aus dem winzigen Sandkorn, das wir sind,
ein großer, fruchtbarer Acker,
der Leben empfängt und Leben gibt.

Die Erde, so groß und weit,
ist doch so klein.
Und wir –
wir sind nur ein winzig kleines Sandkörnchen in der Unendlichkeit des Weltalls.

Was wäre die Erde ohne die kleinen Sandkörner?

(5) Jeder Teil dieser Erde

Das Lied (siehe Abschnitt 4 Nr. 6) wird getanzt.

(6) Wer ist der Töpfer?

Alle sitzen im Kreis, die Mitte ist durch Tücher gestaltet.
Alle erhalten einen kleinen Klumpen Ton.
Der Text »Töpferlied« (siehe Abschnitt 3 Nr. 8) wird vorgelesen.

L spricht:
Wir halten einen kleinen Klumpen Ton in der Hand.
Er ist feucht, kalt und fest.
Wir kneten ihn mit unseren Händen,
bis er weich, warm und formbar wird.
Dabei schließen wir die Augen.
Wir hören Musik und lassen Bilder und Formen in uns aufsteigen.
Dann überlassen wir den Ton unseren Händen
und formen etwas, das aus unserem Inneren kommt.

Ruhige Meditationsmusik wird eingespielt.

8. Spiel und Aktion

(1) Spiel mit Tüchern: Die Schöpfung

Die Schöpfungsgeschichte (Gen 1,1 - 2,4a) wird vorgelesen. Zu den einzelnen Schöpfungstagen und zum Anfang und Ende werden stehende Bilder aus Menschen gestaltet, die mit unterschiedlichen Tüchern bekleidet sind. Wenn genug Mitspieler/innen da sind, können die einzelnen Bilder auch stehenbleiben.
Ähnlich kann auch mit dem Text »Die Morgenröte kleidet sich« (siehe Abschnitt 3 Nr. 6) verfahren werden.

(2) Pantomime: Der Sämann (Mt 13,1-9)

Einer spielt den Sämann, der mit langsamen, großen Bewegungen sät.
Immer, wenn das Wort »Sämann« im Folgenden erscheint, macht er diese Bewegung.
Sämann
Sämann
Einige spielen den Weg und legen sich lang auf den Boden.
Andere spielen die Vögel, die die Samen aufpicken.
Sämann
Eine Gruppe stellt die starren Felsen dar, einige die Samen, die sofort aufgehen. Andere spielen im Hintergrund die Sonne, die ihre Strahlen aussendet. Die Samen fallen wieder in sich zusammen.
Sämann
Einige spielen die Dornen, andere die Samen, die miteinander wachsen. Die Dornen wachsen schneller, strecken die Arme und drücken dann die Samen wieder nieder.
Sämann
Einige spielen die Samen, die wachsen und aufgehen und deren volle Ähren sich im Wind wiegen.

(3) Szenisches Spiel: Wieviel Erde braucht der Mensch?

Siehe Abschnitt 3 Nr. 5.

Die Geschichte wird vorgelesen und von zwei Personen nachgespielt. Zum Schluß wird der Bauer von der Bühne getragen.

(4) Spiel: Feuer, Wasser, Luft und Erde

Eine Geschichte wird erzählt, bei der immer wieder die Worte »Feuer, Wasser, Luft, Erde« vorkommen. Immer wenn eines dieser Worte genannt wird, führen alle bestimmte Bewegungen aus:
Feuer: Alle wirbeln mit den Armen herum.
Wasser: Alle steigen auf einen Stuhl.
Luft: Alle springen in die Höhe.
Erde: Alle legen sich flach auf den Boden.

(5) Ausflug zu einer Baugrube

Miteinander gehen alle zu einer ausgehobenen Baugrube und sehen sich dort die verschiedenen Erdschichten an, die zutage getreten sind. Falls man die Gelegenheit hat, kann man auch in eine Gegend fahren, in der Torf gestochen wird, um ähnliche Beobachtungen anzustellen.

(6) Erkundungsgang: Was auf der Erde wächst

Miteinander einen Spaziergang machen, dabei besonders darauf achten, was alles auf der Erde wächst. Da, wo es möglich ist, kann man viele verschiedene Gräser und Kräuter sammeln, sie zu Hause pressen und in ein Heft kleben. Von den anderen Dingen wird eine Zeichnung oder ein Foto angefertigt.

(7) Garten umgraben und etwas pflanzen

Ein großes Stück im Garten umgraben. Darauf achten, welche Tiere in der Erde wohnen und wie die Erdschollen beschaffen sind. Hinterher etwas einsäen, und die Erde mit einer Harke glätten.

(8) Im Märzen der Bauer

Miteinander das Lied (Abschnitt 4 Nr. 2) singen. Darüber sprechen.
So erleben wir sicher keinen Bauern mehr, höchstens, wenn wir weit reisen in Länder, in denen die Menschen sehr arm sind.
Wir suchen Bilder von Darstellungen, wie bei uns früher der Boden bestellt wurde. Vielleicht gibt es auch in der Nähe ein Museum, in dem alte landwirtschaftliche Geräte aufbewahrt sind.

(9) Einen Ackerbauern besuchen

Miteinander einen Bauern besuchen und sich die Maschinen zeigen lassen, mit denen heute der Acker bearbeitet wird. Vielleicht ergibt sich auch eine Gelegenheit, mit dem Bauern aufs Feld zu fahren oder zumindest bei der Feldbearbeitung zuzusehen.

(10) Wo tragen die Samen Frucht?

Das Gleichnis vom Sämann (Mt 13,1-9) wird miteinander gelesen. Im Garten wird die Landschaft mit Weg, Felsen, Dornensträuchern und guter Erde in einer Ecke nachgestaltet. Dann werden darüber Weizenkörner ausgesät. Immer wieder dieses Gartenstück ansehen und beobachten, wo etwas wächst.

(11) Wie Menschen die Erde bearbeitet haben

Seit vielen Jahrtausenden bestellen Menschen aller Völker und Erdteile den Boden. Dazu gezielt einige Sachbücher, Bilderbücher, Filme ... ansehen.

Berg

1. Einführung in das Symbol

Wie viele andere Ursymbole ist auch der Berg ein ambivalentes Symbol: In ihren gewaltigen Ausmaßen versperren Berge den Blick, scheinen ihre Felsmassen den Menschen zu erdrücken. Berge können so eine Bedrohung der Freiheit bedeuten. Manche Berge galten früher als unüberwindlich und unbesteigbar. Solche Berge schienen ein Geheimnis zu hüten, wie etwa bis in unsere Tage hinein die Sage von dem geheimnisvollen Schneemenschen »Yeti« im Himalayagebirge zeigt. In dieser Form ist der Berg ein Symbol für Größe und Stärke, Härte und Ausdauer, das dem Menschen vor Augen führt, wie klein und winzig er ist.
Auf der anderen Seite bildeten Berge für viele Menschen eine Herausforderung. Den Gipfel eines Berges zu besteigen ist für viele das schönste Erlebnis, das sie sich vorstellen können. Da sind die Strapazen des Aufstiegs bis zum Gipfel, das Gefühl, etwas Großes »geschafft« zu haben. Da ist der Blick von oben herab auf die Welt, die auf einmal winzig klein erscheint. Man hat den Überblick, und ein Gefühl von Freiheit und Macht stellt sich ein.
Heute wissen wir um die Geschichte der langsamen Entstehung der Berge im Laufe der Jahrmillionen. Dieses Wissen ist aber nicht geprägt von einer sichtbaren Erfahrung. Und deshalb vermitteln Berge etwas von der Zuverlässigkeit des »Schon-immer-Dagewesenen«. Durch ihr ständiges, unbewegliches Dasein vermitteln sie etwas Dauerhaftes, das dem Leben der Menschen auch Sicherheit bieten kann.
Solche Bergerfahrungen und die schlichte Tatsache, daß Berge dem Himmel näher sind und man zu ihnen aufschauen muß, mögen mit ein Auslöser dafür gewesen sein, daß Berge für viele Menschen, Kulturen und Religionen der Sitz der Götter oder die Wohnung Gottes waren.
In Mythologien gibt es heilige Berge; auf den Berggipfeln finden sich Kultorte und Opferstätten, und auch in unserer Zeit ist ein Gipfelkreuz ein vertrauter Anblick. Manche Götter haben selbst den Beinamen »Großer Berg«, und in der Bibel finden wir öfter die Aussage »Gott ist ein starker Fels«.
Berge sind Orte, die die Verbindung zwischen Himmel und Erde bilden. Bis auf die Berggipfel steigen die Götter hinab, wo die Menschen ihnen begegnen können, wenn sie zu ihnen hinaufsteigen.

Eine daraus hervorgehende Vorstellung in manchen Kulturkreisen ist die von Bergen als Ort der Weltmitte. Man will die Gottheit einladen, inmitten der Menschen zu wohnen. Da, wo der Gottesberg ist, ist jeweils die Mitte des Volkes, die Mitte der Erde.
In Märchen sind Berge oft Orte, die geheimnisumwittert sind: In Höhlen und unzugänglichen Innenräumen werden verzauberte Menschen gefangengehalten, oder sie bergen kostbare Schätze. Oder Berge erscheinen als Orte der Einsamkeit und Öde, in die hinein der Held oder die Heldin geworfen werden.
In der Bibel werden uns Berge als Orte der Gottesbegegnung beschrieben: Im Alten Testament will Abraham seinen Sohn Isaak auf dem Berg opfern und begegnet Gott. Mose steigt auf den Berg und empfängt die Zehn Gebote. Elija begegnet Gott auf dem Berg; auf dem Berg Zion wird der Tempel Salomos errichtet. Der Berg Zion wird für das Volk Israel zum heiligen Berg, der in den Psalmen oft besungen wird.
Im Neuen Testament führt der Versucher Jesus auf einen Berg. Jesus zieht sich auf den Berg zurück, um allein zu sein, er predigt vom Berg aus, auf dem Berg wird er verklärt, auf einem Berg stirbt er. Vor seiner Rückkehr zum Vater sendet er die Jünger von einem Berg aus in die Welt.
Viele Kirchen und Altarräume sind wie »heilige Berge« gestaltet, zu deren Gipfel Stufen führen.

(2) Biblische Bezüge

(1) Berge als Landschaft und Bild

1 Samuel 26,13-25
Judit 7,8-15
Psalm 46,1-4
97,1-6
104,8-13.18.32
Ezechiel 36,1-15
Daniel 2,29-35
Micha 6,1-2

Matthäus 4,8-10
5,1
5,14-16
Markus 3,13-15
11,22-25
Lukas 4,28-30
1 Korinther 13,2
Offenbarung 6,14-17

(2) Berge als Opferstätten und Heiligtum

Genesis 22,1-19
31,53b-54
Psalm 121
Jesaja 2,1-3
Jesaja 25,6-10
Habakuk 3,1-10
Markus 15,1-32
Johannes 4,19-21

(3) Berge als Ort der Gottesbegegnung

Exodus 3,1-12
19,1-25
24,1-18
34,1-35
1 Könige 19,8-13
Psalm 15
24,1-6
Psalm 68,15-18
Matthäus 14,22-23
28,16-20
Markus 9,2-10
Johannes 6,3.15
Offenbarung 21,10

3. Geschichten/Texte

(1) Der Berg

Um die Größe eines Berges wahrnehmen zu können, müssen wir Distanz von ihm halten; um seine Form in uns aufzunehmen, müssen wir ihn umwandeln; um seine Stimmungen zu erlernen, müssen wir ihn zu allen Tages- und Jahreszeiten beobachten: bei Sonnenaufgang und Sonnenuntergang, zur Mittagszeit und in der Stille der Nacht, an trüben Regentagen und unter blauem Himmel, im Winterschnee und im Gewittersturm. Wer den Berg in dieser Weise kennenlernt, kommt seinem Wesen nahe, das ebenso intensiv und vielfältig ist wie das eines Menschen. Berge wachsen und zerfallen, sie atmen und pulsieren von Leben. Sie sammeln unsichtbare Kräfte aus ihrer Umgebung: die Kräfte der Luft, des Wassers, der Elektrizität und des Magnetismus; durch sie entstehen Wolken und Winde, Gewitter und Regen, Wasserfälle und Flüsse. Sie füllen ihre Umgebung mit tätigem Leben und bieten unzähligen Wesen Nahrung und Schutz. Darin besteht die Größe eines Berges.

Aber selbst unter den mächtigen Bergen sind nur wenige von solch außergewöhnlichem Charakter und so besonderer Lage, daß sie Symbole höchsten menschlichen Strebens werden, wie es sich in alten Kulturen und Religionen äußert.

Lama Anagarika Govinda

Aus: Anagarika Govinda, Der Weg der weißen Wolken, 1975, © Scherz Verlag, München.

(2) Aufstieg zu viert

Aufstieg zu viert.
Der erste ist außer Atem und wünscht sich eine Seilbahn herbei.
Der zweite ist schwindlig und fürchtet sich vor dem Abgrund.
Der dritte ist erschöpft und schleppt sich von Rast zu Rast.
Der vierte ist zielbewußt und schleppt die anderen mit.

Oben angekommen, spürt jeder nach der Anstrengung unterwegs das Glück des Ziels.
Die Seilbahn ist vergessen,
statt gefährlicher Abgründe bietet sich ein herrliches Panorama,
man kann nun rasten, ein wenig im Erreichten verweilen,
man ist den Niederungen und dem Alltäglichen entrückt.

Jeder hat eine Mischung des Lebens erfahren:
den Weg und das Ankommen,
die Anstrengung und das Glück.

Aus: Bistum Essen, Von Aschermittwoch bis Ostern. Ein Wegbegleiter für die ganze Familie, Verlag Ferdinand Kamp, Bochum 1989.

(3) Petra macht Gott einen Vorschlag

Endlich hat die Wandergruppe den Berggipfel erreicht, jeder freut sich nach dem mühsamen Weg auf eine Rastpause und sucht sich zwischen den Steinen einen bequemen Sitzplatz.
Nur Petra bleibt stehen. Angestrengt schaut sie in den blauen Himmel, in dem weiße Wolken schwimmen. »Schade, ich sehe ihn nicht«, murmelt sie. Dann beginnt sie, erst zaghaft und bald immer heftiger mit ihren Armen zu winken.

Verblüfft fragt jemand: »Warum winkst du denn so?« »Hier, irgendwo im Himmel, wohnt doch Gott in seinem Wolkenhaus«, erklärt Petra ernst. »Ich kann ihn zwar nicht sehen, aber ich winke ihm zu, weil ich jetzt ganz nah bei ihm bin. Ich glaube, Gott freut sich darüber.«

»Du brauchst nicht zu winken, Petra. Du bist jetzt nicht näher bei Gott als unten im Tal. Gott hat keine Wohnung im Himmel, zu der du hochwinken kannst.«

Enttäuscht läßt Petra die Arme sinken. »Wo wohnt er denn?« »Bei den Menschen, Petra. Nur viele wissen es nicht. Und viele wollen Gott nicht bei den Menschen haben. Sie möchten lieber, daß Gott weit weg ist, und dann sagen sie: Gott ist oben im Himmel.«

Petra überlegt. Dann blinzelt sie verschmitzt in den Himmel hinein und sagt: »Lieber Gott, du kannst ruhig runterkommen. Bei den Menschen ist es schön, und du bist nicht mehr so allein. Und ich brauche nicht mehr auf einen hohen Berg zu klettern, wenn ich nahe bei dir sein will. Das ist doch viel praktischer, findest du nicht auch?«

Heidi Kaiser

Aus: Erzählbuch zum Glauben, Band 1: Das Glaubensbekenntnis, © Verlag Ernst-Kaufmann, Lahr/Patmos Verlag, Düsseldorf.

(4) Der Wunderknabe

Es war einmal ein Wunderknabe, der im zartesten Alter schon die ganze Welt erkannte. Unter der Tür des Elternhauses wußte er über alles Bescheid, und von weither kamen die Menschen, um ihn sprechen zu hören und um seinen Rat zu holen. Er war zum Glück auch ein glänzender Redner und ließ den schwierigsten Fragen die größten Worte angedeihen, und manchmal auch die längsten. Man wußte nicht, woher er sie hatte, wie es bei Wunderknaben so ist. Sie lagen ihm einfach im Mund. Sein Ruf ging in die Welt hinaus, und bald wollte man überall von seinem Wissen profitieren.

So machte er sich auf die Wanderschaft und nahm sich vor, die ganze Welt, über die er immer gesprochen hatte, nun auch zu berühren. Doch kaum eine Stunde von zu Hause kam er an einen Scheideweg, der ihn zwang, zwischen drei Möglichkeiten zu wählen, denn nicht einmal ein Wunderknabe kann zugleich in verschiedene Richtungen gehen. Er ging geradeaus weiter und mußte dabei links ein Tal und

rechts ein Tal ungesehen liegen lassen. Schon war seine Welt zusammengeschrumpft. Auch bei der nächsten Gabelung büßte er Möglichkeiten ein und bei der dritten und bei der vierten. Jeder Weg, den er einschlug, jede Wahl, die er traf, trieben ihn in eine engere Spur. Und wenn er auf den Dorfplätzen sprach, wurden die Sätze immer kürzer. Die Rede floß ihm nicht mehr wie einst, als er ins Freie getreten war. Sie war belastet von Unsicherheit über das unbegangene Land, das er schon endgültig hinter sich wußte.
So ging er und wurde älter dabei, war schon längst kein Wunderkind mehr, hatte tausend Wege verpaßt und Möglichkeiten auslassen müssen. Er machte immer weniger Worte, und kaum jemand kam noch, ihn anzuhören. Er setzte sich auf einen Meilenstein und sprach nun nur noch zu sich selbst: »Ich habe immer nur verloren: an Boden, an Wissen, an Träumen. Ich bin mein Leben lang kleiner geworden. Jeder Schritt hat mich von etwas weggeführt. Ich wäre besser zu Hause geblieben, wo ich noch alles wußte und hatte, dann hätte ich nie entscheiden müssen, und alle Möglichkeiten wären noch da.«
Müde, wie er war, ging er dennoch den Weg zu Ende, den er einmal begonnen hatte, es blieb ja nur noch ein kurzes Stück. Abzweigungen gab es jetzt keine mehr, nur eine Richtung war noch übrig und von allem Wissen und Reden nur ein einziges letztes Wort, für das der Atem noch reichte. Er sagte das Wort, das niemand hörte, und schaute sich um und merkte erstaunt, daß er auf einem Gipfel stand. Der Boden, den er verloren hatte, lag in Terrassen unter ihm. Er überblickte die ganze Welt, auch die verpaßten Täler, und es zeigte sich also, daß er im Kleiner- und Kürzerwerden ein Leben lang aufwärts gegangen war.

Hans Künzler

Aus: Orientierung, Zürich, 39 (1975), S. 73.

(5) Ausgesetzt auf den Bergen des Herzens

Ausgesetzt auf den Bergen des Herzens. Siehe, wie klein dort,
siehe: die letzte Ortschaft der Worte, und höher,
aber wie klein auch, noch ein letztes
Gehöft von Gefühl. Erkennst du's?
Ausgesetzt auf den Bergen des Herzens. Steingrund
unter den Händen. Hier blüht wohl

einiges auf; aus stummem Absturz
blüht ein unwissendes Kraut singend hervor.
Aber der Wissende? Ach, der zu wissen begann
und schweigt nun, ausgesetzt auf den Bergen des Herzens.
Da geht wohl, heilen Bewußtseins,
manches umher, manches gesicherte Bergtier,
wechselt und weilt. Und der große geborgene Vogel
kreist um den Gipfel reine Verweigerung. – Aber
ungeborgen, hier auf den Bergen des Herzens ...

Rainer Maria Rilke

4. Lieder/Tanz und Musik

(1) Der Blick vom Berg

2. Von fern nur schlagen die Glocken
   über die Wälder herein,
   ein Reh hebt den Kopf erschrocken
   und schlummert gleich wieder ein.

3. Der Wald aber rühret die Wipfel
   im Traum von der Felsenwand,
   denn der Herr geht über die Gipfel
   und segnet das stille Land.

T: Joseph von Eichendorff M: Franz Biebl

Tanzbeschreibung:

Alle stehen im Kreis, halten sich an den Händen und schließen die Augen.
Die Melodie wird leise gesummt, und dazu wiegen alle im Rhythmus leicht hin und her. Dann wird das Lied gesungen, während das Mitschwingen beibehalten wird.

(2) O du stille Zeit

2. In der Einsamkeit rauscht es nun so sacht.
   |: Über die Berge weit, über die Berge weit, gute Nacht! :|

T: Joseph von Eichendorff M: Cesar Bresgen

Tanzbeschreibung:

Alle stehen im Kreis, vornübergebeugt, die Arme hängen locker nach unten.

Takt 1-3: Alle richten sich langsam auf, heben die Arme und öffnen sie weit.
Takt 4: Alle drehen sich einmal rechts herum in langsamen Schritten.
Takt 5: Alle drehen sich einmal links herum in langsamen Schritten.
Takt 6: Alle wenden sich wieder der Mitte zu und begeben sich zurück in die Ausgangsstellung.

(3) Am Berge Sinai

2. Am Berge Sinai, am Berge Sinai
bleibt Mose lange fort.
|: Die Leute werden ungeduldig:
»Hält der wohl sein Wort?« :|

3. Am Berge Sinai, am Berge Sinai
da ist ein groß Geschrei:
|: es kommen viele Leute
und tragen Schmuck herbei. :|

4. Am Berge Sinai, am Berge Sinai
glänzt bald ein goldner Stier.
|: Es kommen viele Leute
und tanzen um das Tier. :|

5. Vom Berge Sinai, vom Berge Sinai
kommt Mose spät zurück.
|: Er sieht die vielen Leute,
hat Zorn in seinem Blick. :|

6. Am Berge Sinai, am Berge Sinai
fällt Mose auf die Knie.
|: Er bittet für die Leute:
»Herr, strafe mich für sie!« :|

7. Am Berge Sinai, am Berge Sinai
hat Gott sehr viel Geduld.
|: Es freuen sich die Leute,
vergeben ist die Schuld. :|

T: Dieter Trautwein M: Seminar des Ev. Stadtjugendpfarramts Frankfurt/M. 1967
Aus: Neue Kinderlieder, BE 807

(4) Geht, ruft es von den Bergen

2. Wollt ihr das Kindlein finden,
so geht nach Bethlehem.
Arm liegt es in der Krippe
und ist doch Christ, der Herr.

3. Ehr sei Gott in der Höhe,
den Menschen allen Fried'.
So sangen es die Engel.
Drum sagt es aller Welt:

T: Gerhard Rosewich M: Spiritual
Aus: Wir singen vor Freude

Tanzbeschreibung:

Alle stehen in einer Reihe.

Refrain:
Takt 1-2: Alle betreten die Tanzfläche und gehen auf einer Kreisbahn, indem sie sich dabei um sich selber drehen. Die Arme sind nach oben hin geöffnet. Sie bleiben dann im Kreis.
Takt 3-4: Alle schwingen die Arme von rechts nach links über dem Kopf.
Takt 5-6: Wie Takt 1-2.
Takt 7-8: Die Hände werden über dem Kopf zusammengeführt und langsam zur Kreismitte gesenkt.

Strophen:
Alle bleiben im Kreis stehen und öffnen die Hände.

(5) Verklanglichung: Der Lautstärkeberg

Für dieses Spiel können alle rhythmischen Orffinstrumente, aber auch die Hände und Füße und die Melodieinstrumente genutzt werden.
Auf ein gemeinsames Zeichen hin beginnen alle ganz leise ihr Instrument zu spielen, werden allmählich lauter und immer lauter, um dann genauso langsam wieder leiser zu werden.

(6) Der Tonhöhenberg

Für dieses Spiel können nur Melodieinstrumente (Stabspiele, Flöten, Klavier ...) benutzt werden. Auf diesen klettert man langsam von den tiefsten Tönen bis hin zu dem höchsten Ton und wieder hinab.
Einen besonderen Reiz hat dieses Spiel auf Saiteninstrumenten: Gitarre, Geige, Cello ... Hier wird nicht ein Ton nach dem anderen gespielt, sondern am unteren Ende wird der Zeigefinger der linken Hand fest auf die Seite gedrückt und während des Streichens mit dem Bogen oder während des Zupfens schleift der Finger über die Seite, so daß sie immer kürzer wird – und wieder zurück.

(7) Verklanglichung: Der Wunderknabe

Siehe Abschnitt 3 Nr. 4.

Vorstellung:	**Verklanglichung:**
Der Wunderknabe	*eine Melodie auf dem Xylophon*
Er macht sich auf die Wanderschaft.	*Klanghölzer, Holzblocktrommeln*
Scheideweg, 1. Weg	*Rasseln*
2. Weg	*Trommeln*
3. Weg	*Triangel*
Die Welt schrumpft.	*Glockenspiel, von hohen zu den tiefen Tönen spielen*

(Scheideweg und schrumpfende Welt kommen jetzt mehrmals hintereinander, die Melodie des Wunderknaben wird zaghafter und leiser.)

Er geht weiter auf einen Gipfel.	*Metallophon und Xylophon und Glockenspiel spielen die Tonskala von den tiefen bis zu den hohen Tönen.*

5. Bilder

- Symbol: Berg
  Zeichnung zum Eintragen von Assoziationen
  Vgl. Elsbeth Bihler, Kommt und seht. Werkbuch zur Erstkommunion und Beichtvorbereitung, Lahn-Verlag, Limburg 1991, S. 60.
- Fotos von unterschiedlichen Bergen und Gebirgen
- Landschaftsbilder mit Bergmotiven
- Thomas Zacharias: Moses am Sinai
  Aus: Farbholzschnitte zur Bibel, Kösel-Verlag, München.
- Thomas Zacharias: Gott verkündet Mose die Zehn Gebote
  Aus: Bilder zum Glaubensbuch, Patmos Verlag, Düsseldorf 1983.
- Marc Chagall: Mose empfängt die Gesetzestafeln
- Sieger Köder: Elija am Horeb
  Schwabenverlag, Ostfildern (Best. Nr. SK 204).
- Sieger Köder: Ich will das Morgenrot wecken (Psalm 57)
  Schwabenverlag, Ostfildern (Best. Nr. SK 304).
- Misereor Hungertuch aus Lateinamerika (1992): Der Auferstandene begleitet das Volk Gottes auf seinem Weg

6. Gestalten/Malen/Basteln

(1) Gestaltung der Mitte

- das Foto eines Berges
- ein aus Bruchsteinen gestalteter Berg
- Bergschuhe, Rucksack und Wanderstab
- aus Kartons und braun-grauen Tüchern gestalteter Berg

(2) Bilder nachmalen

Material:
Farben und Farbstifte aller Art, evtl. Wasser und Pinsel, Papier

Methode:
Ein Bild wird miteinander betrachtet und besprochen, anschließend von den Teilnehmer(inne)n nachgemalt. Hierzu eignen sich folgende Bilder (siehe Abschnitt 5):
- Thomas Zacharias: Moses am Sinai
- Sieger Köder: Elija am Horeb
- Sieger Köder: Ich will das Morgenrot wecken

(3) Bilder malen

Material:
Farben und Farbstifte aller Art, evtl. Wasser und Pinsel, Papier

Zu folgenden Themen können Bilder gemalt werden:
- eine Berglandschaft
- die Welt, vom Berggipfel aus gesehen
- Mose auf dem Berg Sinai
- Elija begegnet Gott am Gottesberg
- Jesus predigt auf dem Berg
- Jesus wird auf dem Berg Golgota gekreuzigt

(4) Eine Berglandschaft modellieren

Material:
Gips/Ton oder Pappmaché (Kleister), Wasser, Draht und Zeitungspapier, Farben und Pinsel

Methode:
Die Modelliermasse wird angerührt. Aus Draht und Zeitungspapier wird ein Untergrund geformt, der dann mit der Modelliermasse gestaltet wird. Wenn alles gut durchgetrocknet ist, kann das Gebirge bemalt werden.

(5) Eine Berglandschaft aus Naturmaterialien gestalten

Material:
Steine, Sand, Moos, Zweige und andere Dinge aus der Natur, Pappe

Methode:
Ein Untergrund (Tisch oder Fußboden) wird mit Pappe abgedeckt. Darauf wird dann eine Landschaft mit Bergen oder auch nur einem hohen Berg gestaltet.

7. Stilleübungen

L = Leiter/in; TN = Teilnehmer/in(nen). Jede freie Zeile im Sprechtext bedeutet eine längere Sprechpause.

(1) Eine Bergbesteigung (Traumreise)

Alle sitzen im Kreis. Die Mitte ist gestaltet durch Bergschuhe und Rucksack.

L spricht:
In der Mitte sehen wir Bergschuhe und Rucksack –
die Ausrüstung zur Wanderung auf einen hohen Berg.

Wir sitzen ganz entspannt und schließen die Augen.
Im Traum wollen wir jetzt miteinander einen Berg besteigen.

Wir stehen am Fuße des Berges.
Wir schauen hinauf,
dort oben glänzt der Gipfel in der Sonne.
Zwischen Bäumen und Felsen schlängelt sich ein schmaler Pfad hinauf.

Wir gehen los und beginnen den Aufstieg.
Der Gipfel entschwindet unseren Blicken.
Nur die allmähliche Steigung des Pfades sagt uns:
Wir nähern uns dem Gipfel, Schritt für Schritt.
Wir gehen langsam und stetig.
Wir achten auf den Rhythmus unseres Atmens.

Wir kommen an die Baumgrenze.
Bisher gaben uns die Bäume Schutz.
Jetzt sind wir der Sonne ausgesetzt.
Der Anstieg wird steiler und mühsamer.
Wir können den Gipfel nicht sehen.
Es bleibt nur die Hoffnung:
Er ist da.
Die Hoffnung gibt Kraft zum Weitergehen.

Außer Atem kommen wir auf eine Felsenplatte.
Jetzt können wir den Gipfel mit seinem Gipfelkreuz erkennen.

Wie nah er ist!
Froh über diesen Anblick, nehmen wir das letzte Stück des Weges in Angriff.

Dann haben wir es geschafft.
Die Weite, der Überblick, die Grenzenlosigkeit –
all das wird uns hier oben geschenkt.

Wir lassen uns ins Gras nieder
und legen uns entspannt in die Sonne.

L bringt nach einiger Zeit die TN wieder behutsam in die Wirklichkeit zurück:
Wir machen uns bereit für den Abstieg und gehen nun langsam
den Berg wieder hinab.
Wer am Ausgangspunkt angekommen ist, öffnet die Augen.

(2) Unser Leben gleicht der Wanderung auf einen hohen Berg

Alle sitzen im Kreis. In der Mitte ist aus Kartons und Tüchern ein Berg gestaltet.

L liest die Geschichte »Der Wunderknabe« (siehe Abschnitt 3 Nr. 4) vor.

L spricht:
Unser Leben ähnelt dem Aufstieg auf einen hohen Berg:

Unsere Erfahrungen, unser Wissen, unser Besitz
bringen uns langsam und stetig nach oben.

Auf dem Weg lauern Gefahren:

Felsspalten,
Gewitter,
Steinschlag,

all das kann uns wieder in den Abgrund zurückwerfen.

Immer wieder müssen wir aufstehen und weitergehen.

Manchmal sind da Bäume, die uns Schatten spenden.
Manchmal sind wir der brennenden Sonne schutzlos ausgesetzt.
Manchmal bringen uns Gewitter und Sturm in Gefahr.

Es ist gut, daß wir auf dem Weg nicht alleingelassen sind.
Weggefährten helfen an schwierigen Wegstrecken
über Spalten und Mutlosigkeit hinweg.

Irgendwann werden wir den Gipfel erreichen.
Was wird uns dort erwarten?
Worauf schauen wir zurück?
Was entdecken wir neu?

(3) Blick vom Berggipfel

Alle sitzen im Kreis. Die Mitte ist als Berg gestaltet.

L spricht:
Wir stehen auf dem Gipfel eines Berges.

Um uns herum ist dünnes Gras,
in einiger Entfernung sehen wir den Waldrand.

Wir heben unseren Blick und schauen in die Ferne:
Andere Berggipfel leuchten uns entgegen.

Im Tal spiegelt sich die Sonne in einem Fluß.
Die Häuser, die Straßen sind winzig klein.
Und doch leben dort Menschen wie wir.

Der Gipfel verändert die Perspektive.
Wir sind dem Himmel näher.

Hinter den anderen Bergen färbt sich die Sonne rot.
Sie beginnt unterzugehen.
In uns wird es ganz still.

Das Lied »Der Blick vom Berg« (siehe Abschnitt 4 Nr. 1) wird gesummt und dann gesungen, evtl. auch mit dem angegebenen Mitschwingen.

(4) Stille Zeit

Das Lied »O du stille Zeit« (siehe Abschnitt 4 Nr. 2) wird als Stilleübung gesummt, gesungen und getanzt.

8. Spiel und Aktion

(1) Spiel zum Lied: Am Berge Sinai

Siehe Abschnitt 4 Nr. 3.

Das Lied wird gelernt und gesungen. Dann wird überlegt, welche Personen, Gegenstände und Gruppen in dem Lied vorkommen:
Mose, das Volk Israel, das Goldene Kalb, der Berg.
Die Menschen werden mit bunten Tüchern verkleidet. Der goldene Stier wird aus Pappe und Goldpapier hergestellt. Der Berg Sinai wird aus Tischen und Stühlen gebaut, die nach vorne hin durch Tücher verkleidet sind (aufpassen, daß der/die Darsteller/in des Mose den Berg hinaufsteigen kann, ohne zu stürzen!). Dann wird überlegt, wo und wie die Szenen in den Strophen zu spielen sind. Das Lied wird gesungen und dazu wird das Geschehen in der besprochenen Weise dargestellt.

(2) Pantomime: Aufstieg zu viert

Siehe Abschnitt 3 Nr. 2.

Der Text wird gelesen. In einer anschließenden Stille versucht jede/r, sich vorzustellen, welche der vier beschriebenen Personen er/sie sein könnte. Jeder der vier beschriebenen Personengruppen wird eine Ecke des Raumes zugeordnet, und zwar durch ein Schild mit der entsprechenden Aufschrift. Die Teilnehmer/innen verteilen sich nun entsprechend ihrer eigenen Zuordnung. Durch langsame Gesten, Haltungen und Bewegungen versuchen nun die Gruppen, ihre Gemütslage beim Aufstieg und bei der Ankunft zum Ausdruck zu bringen. Wichtig sind langsame Bewegungen und beim Spiel das Fortbewegen im ganzen Raum.

(3) Assoziationen »Berg«

Alle Teilnehmer/innen bekommen eine Fotokopie einer Bergzeichnung (siehe Abschnitt 5). Der Text »Der Berg« (Abschnitt 3 Nr. 1) wird vorgelesen. Danach sind alle eingeladen, zu dieser Bergzeichnung spontane Assoziationen zu schreiben: in den Berg hinein, außen herum, am Fuß des Berges, am Gipfel ...

Anschließend werden die Bilder in die Mitte gelegt, so daß sie jede/r betrachten kann.

Variante:
Die Zeichnung wird vergrößert auf ein Plakat in die Mitte gelegt, und alle schreiben ihre Assoziationen auf das Bild in der Mitte.

(4) Was Bergschuhe erzählen

In die Kreismitte werden ein Paar abgelaufene Bergschuhe gestellt. Die Teilnehmer/innen werden nach einer Einführung (etwa: »Wir sind zwei Bergschuhe und haben schon so manches erlebt in den langen Jahren unserer Wanderschaft ...«) aufgefordert, eine Geschichte aus dem Leben dieser Bergschuhe zu erzählen. (Diese Geschichte kann jede/r auch erst für sich aufschreiben.)

(5) Interviews mit »Bergsteigern«

Mit Kassettenrecorder und Mikrophon in die Stadt gehen und Menschen befragen:
Haben Sie schon einmal einen Berg bestiegen? Wissen Sie noch seinen Namen? Können Sie sich an die Wanderung erinnern und etwas davon erzählen? Wie haben Sie sich gefühlt, als Sie auf dem Gipfel angekommen sind? Was haben Sie gesehen?

(6) Auf einen Berg steigen

Miteinander auf den Gipfel eines Berges steigen, der von oben eine Aussicht bietet. Über das, was man spürt und sieht, miteinander reden. Evtl. auf dem Gipfel des Berges einen Gottesdienst feiern.

(7) Das Berg-und-Tal-Spiel

Alle stehen im Kreis und halten sich an den Händen. Eine/r erzählt eine Phantasiegeschichte von Bergen und Tälern. (Die Geschichte kann auch als eine »Bandwurmgeschichte« erzählt werden: Der/die erste beginnt, von der/dem nächsten wird die Geschichte fortgesetzt.) Immer, wenn das Wort »Berg« vorkommt, werden die Hände nach oben geführt, wenn das Wort »Tal« vorkommt, werden sie wieder gesenkt.

Baum

1. Einführung in das Symbol

Der Baum ist das Symbol des Lebens schlechthin:
Einzeln steht er in der Landschaft – oder in Gemeinschaft mit vielen anderen. Auch wenn er als Baum in einem Wald steht, bleibt er ein Individuum, einzigartig und nicht wiederholbar. Es gibt die unterschiedlichsten Baumsorten, und in Redewendungen werden Menschen öfter mit Bäumen verglichen: Der steht da wie eine alte, knorrige Eiche. – Die sieht aus, wie eine schlanke Pappel usw.
In seiner Gestalt und seiner Lebensform wird jeder Baum zum Gleichnis menschlichen Lebens, das den Menschen nach seiner Herkunft, seinem gegenwärtigen Leben und seinen Zukunftswünschen und -träumen fragen läßt:
Die Wurzeln, fest in der Erde verankert, lassen nach dem Grund unseres Lebens fragen: Worin haben wir uns verwurzelt, woher kommen wir?
Der Stamm öffnet den Blick auf die Frage: Wer oder was gibt meinem Leben Halt? Die Baumkrone, die dem Licht, dem Himmel entgegenwächst, läßt schließlich nach unseren Sehnsüchten und Wünschen fragen: Wonach strecke ich mich aus? Wohin möchte ich wachsen?
Blätter, Blüten und Früchte lassen uns fragen nach dem, was wir in unserem Leben erreicht haben oder noch erhoffen.
Der Baum nimmt seine Lebenskraft aus allen vier Elementen: Mit der Wurzel steht er fest verankert in der Erde, aus der er Wasser als Nahrung zieht. Seine Farbe erhält er vom Licht der Sonne, deren Kraft ihn auch wachsen läßt. Der Wind schließlich sorgt häufig für die Bestäubung der Blüten (Fortpflanzung). Der Baum hört bis zu seinem Absterben nie auf zu wachsen. Wie kaum ein anderes Lebewesen machen Bäume den Wechsel der Jahreszeiten deutlich: Die Knospen, Blätter, Blüten, Früchte und das Kahlwerden führen uns immer wieder, Jahr für Jahr, den Kreislauf des Lebens vor Augen. Das Christentum sah im Baum von Anfang an ein Bild für Tod und Auferstehung: In manchen Darstellungen wird das Kreuz als Baum dargestellt, in dem schon die Hoffnung der Auferstehung sichtbar wird. Den Baum haben Menschen schon früh als Lebenssymbol angesehen. In den Mythen und Märchen der Völker gibt es Motive der Entstehung des Menschen aus Bäumen oder auch umgekehrt die Begebenheit, daß Menschen in Bäume verwandelt werden. Die alten Völker

sahen Baum und Mensch als Welt im kleinen an, stellten sich aber auch umgekehrt die Welt als einen allumfassenden, riesigen Baum vor, den Weltenbaum, dessen Wurzeln bis zum Erdmittelpunkt reichten. Beim Weltenbaum entspringt die Quelle des Lebens, die von einem Ungeheuer bewacht wird. Der Weltenbaum mit seiner vertikalen Ausrichtung bildet die Verbindung von Himmel und Erde. Durch eine Baumbesteigung konnten Menschen von der unteren in eine obere Welt gelangen, wie es manche Mythen berichten.

Besonders herausragende Bäume oder Baumgruppen wurden oft als Kultstätten genutzt und bestimmten Göttern geweiht, sie wurden zum »Sitz der Gottheit«, aber nie selbst zu einem Gott (z. B. die Eiche Donars).

Die Vergangenheitsdimension des Baumes wird durch die Tradition des Stammbaumes deutlich: Am Bild des Baumes wird die eigene Familiengeschichte zurückverfolgt. Auch hier liegt eine alte Tradition zugrunde, nach der Menschengruppen, die gemeinsame Vorfahren haben, als »Volksstamm« bezeichnet werden, so z. B. die zwölf Stämme Israels, die Stammesgruppen bei Naturvölkern usw.

Geschmückte Bäume spielen bis heute zu vielen festlichen Gelegenheiten eine wichtige Rolle, z. B. sind der Maibaum und der Weihnachtsbaum solche Festbäume. Im Gegensatz zu anderen Symbolen fehlt dem Baum die Ambivalenz: Von ihm geht nichts Bedrohendes aus. Vielleicht wurde er auch deshalb zum Symbol des Lebens schlechthin.

Im Alten Testament werden heilige Bäume genannt, etwa die Orakeleiche von Sichem, die Erscheinung Gottes vor Abraham bei den Eichen von Mamre. In den Psalmen finden wir auch den Vergleich des Menschen mit dem Baum (z. B. Ps 92,13-16).

Im Neuen Testament begegnen wir dem Baum oft in seiner symbolischen Bedeutung: Jesus zieht den Baum zum Vergleich mit dem Menschen heran, wenn es ihm um die Unterscheidung von Gut und Böse geht. Dies ist ein Anklang an den »Baum der Erkenntnis von Gut und Böse« im Paradies (Gen 2 - 3). Auch bei der Beschreibung des Reiches Gottes benutzt Jesus das Bild vom Baum (Senfkorngleichnis). In der geheimen Offenbarung des Johannes lebt das Wissen um das uralte Bild des Weltenbaumes fort (Offb 22,2).

2. Biblische Bezüge

(1) Der Baum als Zeichen und Vergleich

Richter 9,7-21
Ijob 14,1-10
Psalm 1,1-3
Hoheslied 2,1-3
Jesus Sirach 27,6-7
Jesaja 10,33 - 11,5
Ezechiel 17,22-24
31,1-8
Daniel 3,98 - 4,34
Matthäus 13,31-32
Lukas 21,29-31
Römer 11,13-24

(2) Bäume als Nahrungsspender

Deuteronomium 20,19-20
Markus 11,12-14.20-22

(3) Der Baum als Zeichen von Gut und Böse

Genesis 2,9.16
Matthäus 3,7-10

(4) Bäume als Kultstätte

Genesis 18,1-8
Offenbarung 22,1-5

3. Geschichten/Texte

(1) Der müde Baum

Wenn ein Baum müde und durstig ist, läßt er die Zweige hängen. Seine Blätter werden ganz blaß, seine Rinde morsch.
Wenn ein Baum müde und durstig ist, streckt er seine Wurzeln aus und sucht tief in der Erde nach kühlem Wasser.
Durch den dicken, runden Stamm steigt das Wasser auf. In alle Äste und Zweige strömt es von ganz unten bis hinauf in die Baumkrone.
Weit öffnet er die Poren seiner Blätter und atmet die frische Luft. Er läßt sich vom Wind wiegen und von den Sonnenstrahlen wecken.

Wolfgang Poeplau

(2) Eine Kiefer

Eine Kiefer.
Ein Stamm. Eine Krone.
Trockene Aststümpfe bis zur halben Höhe.
Ein Stück Erde, in das der Stamm eingreift.
Ein Baum, der sich selbst trägt,
sich von der Erde her aufbaut.

Er hat seinen Platz und seine Nahrung.
Er tastet mit seinem Wurzelstock nach Wasser
und saugt es ein.
Der Saft steigt auf, in den Wurzeln zusammengezogen,
im Stamm gesammelt,
nach oben und außen weitergedrängt
zu Trieben und Nadelbüscheln.

Er treibt Blüten hervor und grüne Zapfen.
Die Zapfen werden braun und hart und fallen schließlich.
Auf den Trieben dieses Jahres werden im kommenden Jahr
neue Triebe wachsen, neue Nadeln, neue Früchte.

Er wächst, solange er lebt,
an allen Wurzeln und Ästen.
Wenn er aufhört zu wachsen, ist er tot.
Eines Tages wird die Stelle leer
und ein Teil des Baums ein Teil dieser Erde geworden sein.
Aber noch steht er vor mir,
und ich versuche, ihn zu verstehen.

Jörg Zink

(3) Das kleine Samenkorn

Jörg kommt nach Hause.
Er sagt: »Ratet mal, was ich in meiner Hand halte!
Ich will es euch erzählen.
Ich hab' einen Baum in meiner Hand! In seiner Krone können viele Vögel wohnen.
Oder glaubt ihr mir etwa nicht?

Dies ist ein Samenkorn, es stammt von einem Senfbaum. Wenn ich es in die Erde stecke, bekommt es winzig kleine Keime, und das werden dann die Würzelchen.
Wenn es geregnet hat und die Sonne scheint, beginnt der Baum zu wachsen. Er bekommt ein winzig kleines Blättchen. Das Blättchen wird zu einem Zweig, und der Zweig bekommt Seitentriebe. Aus den Würzelchen werden Wurzeln, der Zweig wird zu einem Stamm, und die Seitentriebe werden zu Ästen voller Blätter.
Darin können sich die Vögel verbergen. Sie können darin ihre Nester bauen; sie wohnen dort, und sie bekommen Junge.
Dieser Baum hat als kleines Samenkorn angefangen, aber auch kleine Dinge vermögen viel!«

Karel Eykman

Aus: Erzählbuch zum Glauben, Band 3: Das Vaterunser, Verlag Ernst Kaufmann, Lahr, Patmos Verlag, Düsseldorf 1985, Rechte unbekannt.

(4) Bäume im Wald

»Gehst du mit mir in den Wald?« fragte der Großvater Thomas. »Ich möchte dir dort etwas zeigen.«
Thomas ging gern mit dem Großvater spazieren. Es gab kaum ein Tier, keine Pflanze, die der Großvater nicht kannte und über die er nicht eine kleine Geschichte zu erzählen wußte.
Unterwegs sagte der Großvater: »Du hast mir vor einigen Tagen ein Bild mit einem Baum gemalt. Das Bild war sehr schön, aber ich glaube, du hast noch nie gesehen, wie ein Baum wirklich aussieht. Das will ich dir heute einmal zeigen.«
Im Wald angekommen, empfand Thomas, wie schön es dort war.
Kein Autolärm. Nur das leise Rauschen der Blätter im Wind und Vogelgezwitscher. Er schnupperte in die Luft und sagte: »Großvater, es riecht hier im Wald so gut.«
»Das machen die Bäume, sie reinigen die Luft«, kam die Antwort.
»Nun sieh dir diese Birke an«, fuhr der Großvater fort, »der Stamm ist silbrig-weiß, von schwarzen Streifen durchbrochen. Glatt und schlank reckt er sich in die Höhe. Der Stamm verjüngt sich nach oben, bis in die Spitze. Aus dem Stamm wachsen die Äste. Zuerst dicker, dann werden sie dünner. Aus den Ästen wachsen dickere Zweige und aus diesen wieder dünnere und so fort. Hier bei der

Birke werden die kleinsten Zweige sehr zart und fein. Bei der Buche und der Eiche sieht es etwas anders aus. Da teilt sich der Stamm oberhalb in zwei oder mehr weniger dicke Stämme, aus denen dann dicke Äste herauswachsen, die sich immer noch verzweigen und spitz auslaufen. Es gibt viele verschiedene Bäume, und sie haben alle ihren Namen. Jede Baumart hat ihre eigene äußere Gestalt, eine besondere Holzmaserung und ihre eigene Blattform sowie eigene Früchte.«
Thomas staunte nur. Was der Großvater alles wußte! Dann schaute er sich noch mehr Bäume ganz genau an. Er hatte gar nicht gewußt, daß Bäume so interessant und so schön sein können. Und jeder Baum war anders. »Gott gibt jedem Geschöpf sein eigenes Leben!« sagte der Großvater leise. »Und jedes sieht anders aus. Aber man muß schon genau hingucken, um das Besondere an ihm zu entdecken!«

Ursula Fack

Aus: Rolf Krenzer (Hrsg.), Ich wünsch' dir einen guten Tag. Werkbuch für Religion und Gottesdienst, Lahn-Verlag, Limburg 1983, Rechte bei der Autorin.

(5) Der Ulmenstamm

Wir sägten Holz, griffen dabei nach einem Ulmenbalken und schrien auf. Seit im vorigen Jahr der Stamm gefällt wurde, war er vom Traktor geschleppt und in Teile zersägt worden, zu Stapeln gerollt, auf die Erde geworfen – aber der Ulmenbalken hatte sich nicht ergeben!
Er hatte einen frischen grünen Trieb hervorgebracht –, eine ganze künftige Ulme oder einen dichten, rauschenden Zweig.
Wir hatten den Stamm bereits auf den Block gelegt, wie auf einen Richterblock; doch wagten wir nicht, mit der Säge in seinen Hals zu schneiden. Wie hätte man ihn zersägen können? Wie sehr er doch leben will – stärker als wir!

Alexander Solschenizyn

(6) Herr, wie ein Baum

Herr, wie ein Baum
so sei vor dir mein Leben,
Herr, wie ein Baum
sei vor dir mein Gebet.

Gib Wurzeln mir, die in die Erde reichen,
daß tief ich gründe in den alten Zeiten,
verwurzelt in dem Glauben meiner Väter.

Gib mir die Kraft, zum festen Stamm zu wachsen,
daß aufrecht ich an meinem Platze stehe
und wanke nicht, auch wenn die Stürme toben.

Gib, daß aus mir sich Äste frei erheben,
oh, meine Kinder, Herr, laß sie erstarken
und ihre Zweige recken in den Himmel.

Gib Zukunft mir und laß die Blätter grünen
und nach den Wintern Hoffnung neu erblühen,
und wenn es Zeit ist, laß mich Früchte tragen.

Herr, wie ein Baum
so sei vor dir mein Leben,
Herr, wie ein Baum
sei vor dir mein Gebet.

Lothar Zenetti

(7) Der Tod der alten Eiche

Alt war die Eiche geworden. Alle im Wald wußten davon, wußten, daß sie ein langes Leben hinter sich hatte, wenn auch keiner recht sagen konnte, wie alt sie war. Ihre Nachbarin, die Kiefer, meinte: »Als ich auf die Welt kam, stand die Eiche schon da, breit und hoch. Das war vor hundert Jahren, und schon damals hielten sie alle für einen alten Baum.« So sprach die Kiefer.

Die jüngeren Bäume aber wußten nichts zu sagen. Ihnen schien, als wäre die Eiche schon immer dagewesen und hätte immer schon in ihrem frischen Grün dort gestanden. Allerdings bekam die Eiche im Frühling ihr grünes Laub ein wenig später als die anderen.

»Das kommt vom Alter«, sagte die Kiefer, »bei ihren Jahren ist es gar nicht leicht, immer noch zu grünen.«

Dafür trennte sie sich im Herbst von ihren Blättern später als alle anderen Bäume. Wenn die schon längst ihr Laub verloren hatten, trug der Eichbaum immer noch sein rostfarbenes Kleid, bis an den Winter

heran; manchmal sogar noch mitten im tiefsten Winter. Alle Bäume im Walde waren einer Meinung: Vielleicht sind das die letzten Blätter der Eiche. Nun denkt sie, sie habe nicht mehr die Kraft, noch einmal zu grünen, und will sich darum von ihren Blättern nicht trennen.
Dann kam ein Tag, da brach sie zusammen. An einem Morgen war es, in aller Frühe. Noch schlummerten die Bäume im Wald. Aber Rotohr, das Eichhörnchen, war schon wach und schrie: »Seht doch nur, die Eiche stürzt!« Sie waren seit langem schon gute Freunde, das Eichhörnchen und die Eiche. Jedes Jahr im Frühling baute es in ihren Zweigen sein Nest, mitten zwischen die Nester der Vögel. Dort zog es seine Jungen auf. Sogar als die Eiche schon steinalt geworden war und die Vögel sie längst verlassen hatten, wohnte das Eichhorn immer noch in ihrem Geäst. Es wäre auch noch länger geblieben, hätte ihm der Eichbaum nicht gesagt: »Bau nicht länger dein Nest bei mir. Bald muß ich sterben.« Da siedelte das Eichhörnchen auf die Kiefer um. In der Nacht darauf schlief es schlecht, und als der Tag anbrach, war es schon auf den Beinen. Es schlüpfte aus seinem Nest heraus und sah, wie die Eiche zu Boden stürzte. Da wußte es: Nun stirbt sie. Und es schrie laut und rief: »Seht doch nur, die Eiche stürzt!«
Das war morgens in aller Frühe. Die Sonne wollte gerade aufgehen. Die Espe, die neben der Eiche stand und sie immer um ihr langes Leben beneidet hatte, bemerkte: »Die ist ja schon ganz hohl und morsch. Aber sie hat immer so getan, als sei sie noch frisch und jung.« »Die war tatsächlich noch frisch und jung«, widersprach die Eule. Und die Kiefer fügte hinzu: »Gewiß, im Innern war sie schwach und morsch. Das stimmt. Aber keiner von uns hat sie jemals jammern oder über ihre Krankheit klagen hören. Du aber, Espe, hast noch nicht einmal den zehnten Teil ihres Lebens gelebt, aber schon sind wir dein Knarren so leid.« Damit wandte sich die Kiefer von ihr ab, auch die anderen Bäume. Die Eiche aber lag lang hingestreckt am Boden. Mitten in den Blumen des Waldes. Und allen war, als erhebe sie sich gleich wieder und lebe noch einmal so lange, wie sie schon gelebt hatte, tausend Jahre lang.

Brüder Bondarenko

(8) Herr von Ribbeck auf Ribbeck im Havelland

Herr von Ribbeck auf Ribbeck im Havelland,
Ein Birnbaum in seinem Garten stand,
Und kam die goldene Herbsteszeit,
Und die Birnen leuchteten weit und breit,
Da stopfte, wenns Mittag vom Turme scholl,
Der von Ribbeck sich beide Taschen voll,
Und kam in Pantinen ein Junge daher,
So rief er: »Junge, wist 'ne Beer?«
Und kam ein Mädel, so rief er: »Lütt Dirn,
Kumm man röwer, ick hebb 'ne Birn.«

So ging es viele Jahre, bis lobesam
Der von Ribbeck auf Ribbeck zu sterben kam.
Er fühlte sein Ende. 's war Herbsteszeit,
Wieder lachten die Birnen weit und breit;
Da sagte von Ribbeck: »Ich scheide nun ab.
Legt mir eine Birne mit ins Grab.«
Und drei Tage drauf, aus dem Doppeldachhaus,
Trugen von Ribbeck sie hinaus,
Alle Bauern und Büdner mit Feiergesicht
Sangen »Jesus, meine Zuversicht«,
Und die Kinder klagten, das Herze schwer:
»He is dod nu. Wer giwt uns nu 'ne Beer?«

So klagten die Kinder. Das war nicht recht –
Ach, sie kannten den alten Ribbeck schlecht;
Der neue freilich, der knausert und spart,
Hält Park und Birnbaum strenge verwahrt,
Aber der alte, vorahnend schon
Und voll Mißtrauen gegen den eigenen Sohn,
Der wußte genau, was damals er tat,
Als um eine Birn ins Grab er bat,
Und im dritten Jahr aus dem stillen Haus
Ein Birnbaumsprößling sproßt heraus.

Und die Jahre gehen wohl auf und ab,
Längst wölbt sich ein Birnbaum über dem Grab,
Und in der goldenen Herbsteszeit
Leuchtets wieder weit und breit.

Und kommt ein Jung übern Kirchhof her,
So flüsterts im Baume: »Wiste 'ne Beer?«
Und kommt ein Mädel, so flüsterts: »Lütt Dirn,
Kumm man röwer, ick gew di 'ne Birn.«

So spendet Segen noch immer die Hand
Des von Ribbeck auf Ribbeck im Havelland.

Theodor Fontane

(9) Der Hochzeitsbaum

Unter den Hochzeitsfotos meiner Eltern gibt es eines, das ich besonders gerne mag. Es zeigt meine Mutter im kurzen weißen Brautkleid und meinen Vater im schwarzen Anzug, wie sie in einem kleinen Waldstück ein Bäumchen pflanzen. Die Mutter hält das Bäumchen fest, der Vater gräbt das Pflanzloch. Er hat die Krawatte gelockert und den Hemdkragen geöffnet. Man sieht, daß er schwer arbeitet! Und rundherum stehen die Gäste und lachen und klatschen.

»Was mag wohl aus unserem Hochzeitsbäumchen geworden sein?« sagt meine Mutter jedesmal, wenn sie das Bild sieht. »Bestimmt ist es schon ein großer Baum.«

»Oder verdorrt und eingegangen«, sagt der Vater dann. Und die Mutter darauf:

»Hoffentlich nicht! Das wäre ein schlechtes Zeichen.«

In dem Dorf, in dem meine Eltern geheiratet haben, pflanzen alle Brautleute einen Hochzeitsbaum.

»Zur Erinnerung!« erklärt die Mutter. »Damit etwas da ist, das bleibt.«

»Na, na«, lacht der Vater. »Ich glaube eher, es ist ein Trick vom Förster, damit er sich die Arbeit spart.«

Am zwölften Hochzeitstag beschlossen meine Eltern, endlich einmal nachzuschauen, was aus ihrem Bäumchen geworden war. Und wir Kinder durften mitfahren.

Der Hochzeitswald lag am Rand des Dorfes. Am Anfang wuchsen ganz junge Bäumchen. Sie wurden höher, je tiefer wir in das Wäldchen hineingingen. Vor jedem Bäumchen steckte ein Stab, der in Augenhöhe ein weißes Schild trug. Darauf standen die Namen des jeweiligen Brautpaares sowie Monat und Jahreszahl der Pflanzung.

Wir liefen herum und lasen alle Namen.

»Ach, schau nur, diese beiden hier«, riefen meine Eltern, wenn sie sich an jemanden erinnerten. »Klaus und Susanne! Und hier: Peter und Ursula – weißt du noch?«
Das Bäumchen von Klaus und Susanne sah klein und mickrig aus. Aber das von Peter und Ursula war ordentlich gewachsen.
»Ganz wie im Leben«, sagte mein Vater.
Endlich blieben meine Eltern vor einem etwa drei Meter hohen Stamm stehen, der silbergrau schimmerte. Die Krone des Baumes erschien noch kahl. Aber an den Zweigen saßen schon bräunliche Blättchen. Manche öffneten sich gerade wie kleine Fächer. Weiter oben hatten sich einige bereits ganz entfaltet. Nur in der Mitte waren die Blättchen grün. Als das Sonnenlicht hindurchfiel, leuchteten sie kupferrot auf.
»Unser Baum!« rief meine Mutter. »Er lebt! Schaut nur, wie er gewachsen ist!«
Wir gingen um den Baum herum und betrachteten ihn von allen Seiten. Er war bestimmt doppelt so hoch wie damals, als meine Mutter ihn ins Pflanzloch gehalten hatte.
»Ein prächtiger Bursche«, sagte mein Vater und tätschelte den Stamm. Dann nahm er die Mutter in die Arme und küßte sie.
»Merkt euch diesen Baum, Kinder«, rief er. »Hier könnt ihr einmal eure Enkel herführen und ihnen sagen: Den hat euer Urgroßvater gepflanzt.«
Wir lachten und faßten uns an den Händen und tanzten übermütig um den Baum herum.

Ingrid Abou-Rikab

(10) Die Legende vom Baum im Paradies

Oft hatte Adam seinen Kindern von den schönen Tagen im Paradies erzählt. Er senkte ihnen mit seinen Geschichten eine Sehnsucht ins Herz, die alle Menschen zu allen Zeiten seitdem in sich tragen: die Sehnsucht nach paradiesischem Frieden, frei von Angst, Schrecken und jeglicher Not. Schließlich auch frei von Kranksein und Sterben.
Als Adam den Tod nahe fühlte, da sagte er zu seinem Sohn Seth: »Mache dich auf, mein Sohn. Geh bis an die Pforten des Paradieses.

Wirf einen Blick hinein und komm zurück und berichte mir, was du gesehen hast.«
Seth brach auf und gelangte nach langer, mühevoller Wanderung zum Eingang des Paradieses. Schon von weitem blendete ihn die helle Lichtgestalt des Engels, der dort Wache hielt. Sein flammendes Schwert glich zuckenden Blitzen, und Seth vermochte nicht, sich dem Garten zu nähern.
»Ich kenne den letzten Wunsch deines Vaters Adam«, sprach der Engel.
»Verhülle dein Haupt, presse die Hände gegen die Augen und tritt näher heran.« Seth tat, wie der Engel ihm befohlen hatte, und schritt vorwärts, ohne zu sehen, wohin er seinen Fuß setzte.
Endlich sagte der Engel: »Nun schau. Aber wende dich nicht nach mir um. Kein Mensch kann den Himmelsglanz ertragen!«
Da nahm Seth die Hände von den Augen. Er sah die Herrlichkeit des Gartens Eden, und er schaute und schaute. Es war ihm wie im Traum. Die wunderschönen Blumen, die spielenden Tiere, die Bäume und Gräser, ein Bild vollkommener Schönheit.
Nur ein Baum reckte trockene Äste in den Himmel, kein grünes Blatt an seinen Zweigen, Risse in der Rinde, ein schwarzer, toter Riese. Das war der Lebensbaum.
Da fiel Seth ein, was sein Vater Adam und seine Mutter Eva getan hatten. Er wurde sehr traurig. Er schloß die Augen und wollte umkehren.
Doch der Engel befahl ihm: »Öffne die Augen und sieh!«
Seth gehorchte. Und er erblickte in dem dürren Geäst des Lebensbaumes eine Schlange. Die hatte seine Eltern so schändlich betrogen. Er preßte voll Schauder seine Hände gegen die Augen und wollte fliehen. Aber der Engel sprach:
»Sohn des Adam, schau ein letztes Mal in die Herrlichkeit des Gartens.« Und noch einmal wagte Seth einen Blick in das Paradies. Da sah er schwebend in dem Lebensbaum eine Lichtgestalt, einen Menschen, ein Knabe noch.
»Das ist eure Hoffnung«, sagte der Engel. »Wenn die Zeit sich erfüllt hat, wird Gott seinen Sohn senden. Er hat es versprochen. Nicht für immer werdet ihr verloren sein.«
Seth konnte sich von dem Anblick nicht losreißen. Der Engel aber sagte: »Nun kehre zurück zu deinem Vater und berichte, was du gesehen hast.«

Da bedeckte Seth sein Haupt mit seinem Mantel. Bevor er sich jedoch auf den Rückweg machte, bat er den Engel:
»Gib mir ein Zeichen, damit mein Vater weiß, daß ich wirklich die Herrlichkeit des Paradieses geschaut habe.«
Der Engel schenkte Seth drei Körner.
»Samen von dem Baum, von dem Adam und Eva gegessen haben«, sagte der Engel. »Lege sie unter die Zunge Adams, wenn er gestorben ist und du ihn zu Grabe trägst.«
Als Seth zurückgekehrt war, erzählte er alles, was er erlebt und gesehen hatte. Adams Augen begannen zu glänzen. Ein Leuchten legte sich über sein Gesicht, als aus Seths Worten das Bild des Gartens Eden wuchs.
Bald darauf starb er hochbetagt. Seth legte ihm die Samen unter die Zunge, wie der Engel gesagt hatte. Aus Adams Grab aber wuchsen drei Bäume hervor.
Im Laufe der Jahrhunderte wuchsen die drei Stämme zu einem zusammen. Der Baum wurde schließlich gefällt. Einen mächtigen Balken schlugen die Zimmerleute daraus. Der wurde für eine Brücke über den Kidronfluß verwendet. Später, viel später, geriet in Vergessenheit, woher der Balken stammte. Aber als der Kreuzbalken für Jesus, den Messias, gebraucht wurde, da nahmen die Menschen eben diesen Brückenbalken vom Kidronbach, den Balken vom Baum des Lebens.
So geschah es, daß von diesem Baum zuerst Verderben und Tod ausgingen, dann aber durch den Tod Jesu aus eben diesem Holze die Erlösung zum ewigen Leben kam.

Willi Fährmann

(11) Mit Bäumen kann man wie mit Brüdern reden

Die Seele wird vom Pflastertreten krumm.
Mit Bäumen kann man wie mit Brüdern reden
und tauscht bei ihnen seine Seele um.
Die Wälder schweigen. Doch sie sind nicht stumm.
Und wer auch kommen mag, sie trösten jeden.
Man flieht aus den Büros und den Fabriken.
Wohin, ist gleich! Die Erde ist ja rund!

Dort, wo die Gräser wie Bekannte nicken
und wo die Spinnen seidne Strümpfe stricken,
wird man gesund.

Erich Kästner (Auszug aus »Die Wälder schweigen«)

4. Lieder/Tanz und Musik

(1) In einem Baum

2. Kleine Spinnen, große Spinnen,
   Käfer in der Rinde drinnen.
   Schau sie dir doch an,
   freue dich daran.

3. Eichhörnchen und kleine Maus
   haben hier ein großes Haus.
   Schau sie dir doch an,
   freue dich daran.

4. Gott, der schuf so manch Getier
   seiner Welt zur großen Zier.
   Schau sie dir doch an,
   freue dich daran.

T und M: Wolfgang Longardt

Spielanleitung:

Alle Kinder stehen im Kreis um einen Baum in der Mitte. Für jede Tierart werden typische Bewegungen oder Zeichen erfunden, z. B.
Schnecken: Kriechen aus dem Schneckenhaus und wieder hinein oder Ausstrecken der Fühler.
Spinnen: Mit den Fingern werden die Bewegungen der dünnen Spinnen- und Käferbeine nachgeahmt.
Eichhörnchen und Maus: Knabbern mit den »Vorderpfoten« an einer Nuß.
Zur Schlußstrophe, dem Lob Gottes, bewegen sich alle im Kreis um den Baum, in dem soviel Leben ist.

(2) Der Birnbaum

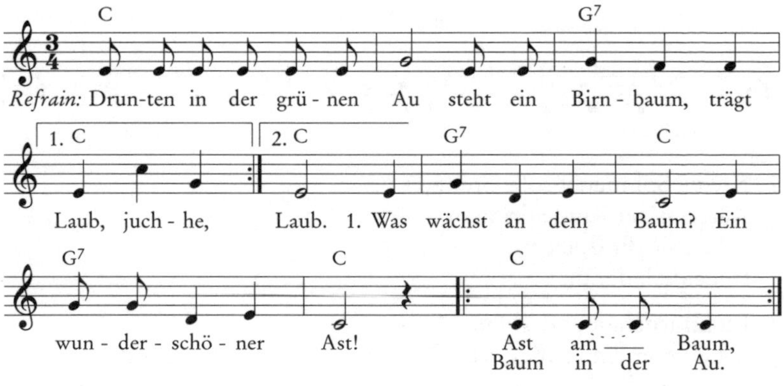

2. Was ist an dem Ast? Ein wunderschöner Zweig.
   Zweig am Ast, Ast am Baum, Baum in der Au.

3. Was ist an dem Zweig? Ein wunderschönes Blatt.
   Blatt am Zweig, ... Baum in der Au.

4. Was ist bei dem Blatt? Ein wunderschönes Nest.
   Nest beim Blatt, ...

5. Was ist in dem Nest? Ein wunderschönes Ei.
   Ei im Nest, ...

6. Was ist in dem Ei? Ein wunderschöner Vogel.
   Vogel im Ei, ...

7. Was hat denn der Vogel? Eine wunderschöne Feder.
   Feder am Vogel, ...

8. Was wird aus der Feder? Ein wunderschönes Bett.
   Bett aus der Feder, ...

T und M: trad.

(3) Das Senfkorn wächst

2. Das Senfkorn –
   das Senfkorn ist klein,
   ist das kleinste unter den Körnern.
   Der Baum bringt Zweige,
   Zweige hervor.
   Das Senfkorn wächst.

3. Das Senfkorn –
   das Senfkorn ist klein,
   ist das kleinste unter den Körnern.

Und Vögel wohnen,
wohnen im Baum.
Das Senfkorn wächst.

T und M: Ernst Hansen, 1972

Möglichkeit zur Verklanglichung:

In der Pause Takt 2 wiederholen alle Stabspiele die ersten drei Töne (H – E – E) im gleichen Rhythmus.
Nach jeder Strophe, wenn gesungen wurde: »Das Senfkorn wächst«, imitieren die Stabspiele in mehreren kleinen Arpeggien von den tiefen zu den hohen Tönen das Wachstum (1. Str.).
Dazu kommen in der zweiten Strophe die Holzinstrumente, die die wachsenden Äste imitieren.
In der dritten Strophe können die Vögel mit dem Pfeifenkopf einer Blockflöte imitiert werden und mit Schellenrasseln.

(4) Bei einem Wirte wundermild

2. Es war der gute Apfelbaum,
   bei dem ich eingekehret;
   mit süßer Kost und frischem Schaum
   hat er mich wohl genähret.

3. Es kamen in sein grünes Haus
   viel leicht beschwingte Gäste,

sie sprangen frei und hielten Schmaus
und sangen auf das beste.

4. Ich fand ein Bett zu süßer Ruh'
auf weichen grünen Matten.
Der Wirt, der deckte selbst mich zu
mit seinem kühlen Schatten.

5. Nun fragt' ich nach der Schuldigkeit,
da schüttelt' er den Wipfel.
Gesegnet sei er allezeit
von der Wurzel bis zum Gipfel.

T: Ludwig Uhland, 1787-1862 M: trad.

(5) Ich bin der Baum vor deinem Haus

2. Ich kenne alle, die hier sind,
die Frau'n, die Männer, jedes Kind,
hör', wie ihr weint, hör', wie ihr lacht,
krieg' mit, wenn ihr euch Sorgen macht.

3. Auch ich hab' Sorgen nicht zu knapp –
man gräbt mir hier das Wasser ab,
kippt mit Beton den Boden voll,
sag mir, wie ich noch wachsen soll!

4. Du weißt, die Bäume weit und breit,
die haben eine schwere Zeit;
ich seh', auch dir geht's nicht so gut,
mach es wie ich, behalt den Mut!

5. Du, sieh doch mal zum Fenster raus –
ich bin der Baum vor deinem Haus;
wenn du mich nicht alleine läßt,
halt' ich mich an der Erde fest!

T und M: Margarete Jehn
Aus: Ich bin der Baum vor deinem Haus, 1990

Spielanleitung:

Der Baum in der Mitte wird umtanzt. Es kann ein richtiger Baum draußen sein oder ein Kind, das den Baum darstellt. Bei den Strophen gehen alle im Kreis um den Baum herum. Beim Refrain gehen wir zu dem Baum hin, berühren, streicheln ihn, umfassen ihn mit den Armen, gießen ihn ...

(6) Alle kommen zu dem Baum

2. Seine Krone glänzt und strahlt,
leuchtet wie ein Sonnenball,
den ein Künstler fein gemalt,
im unendlich weiten All.
Zarte Knospen werden wach.
Blüten wachsen bunt und schön.
Durch das grüne Blätterdach
kann ich in den Himmel sehn.

3. Tausend Äste breiten sich
dicht verwoben und verzweigt
über einen großen Tisch,
der sich bis zur Erde neigt.
Denn der Tisch ist reich gedeckt.
Früchte gibt es ohne Zahl.
Und der Baum ruft: »Kommt und schmeckt!
Feiert hier das Freudenmahl.«

T: Reinhard Bäcker M: Detlev Jöcker
Aus: Unter dem Baum des Lebens (Liedheft und MC)

Tanzbeschreibung:

Alle stehen im Kreis. Schrittfolge: Viertelnoten.

1. Str.: Alle bleiben, leicht gegrätscht, fest auf ihren Füßen stehen. Die Arme werden im zweiten Teil fest an den Körper gelegt.
Refrain: Jeweils sechzehn Taktzeiten rechts – links – rechts herum hüpfen.
2. Str.: Alle heben die Arme und wiegen die Krone im Wind.
3. Str.: Alle strecken ihre Arme mehrfach in unterschiedliche Richtungen und neigen sich im zweiten Teil über die Mitte.

(7) Baumtanz

Musik:
Jede langsame, getragene Musik.

Aufstellung:
Geschlossener Kreis: alle halten sich an den Händen gefaßt, Gesichter zur Mitte.

Tanzform:
Teil 1 (zwei Takte »Sich einwurzeln«):
Takt 1: Wiegeschritt am Platz (das Gewicht von einem Bein auf das andere seitlich verlagern und mit dem Körper mitschwingen): rechts – links – rechts.
Takt 2: Linken Fuß an den rechten heransetzen, rechten Fuß in leichter Grätsche neben linken Fuß aufsetzen.
Teil 2 (zwei Takte »Sich ausstrecken/in die Höhe wachsen«):
Takt 3: Handfassung lösen, den Oberkörper vorbeugen und mit den Armen einen Kreis vom Boden über den Kopf beschreiben.
Takt 4: Mit erhobenen Armen hin- und herschwingen und die Arme langsam wieder senken.

(8) Verklanglichung: Eine Kiefer

Siehe Abschnitt 3 Nr. 2.

Vorstellung:	Verklanglichung:
Stamm	*Paukenschläge*
Krone	*Schellenkranz*

Aststümpfe	*Holzblocktrommeln*
Erde	*tiefe Töne auf dem Xylophon*
Wurzeln	*Klanghölzer*
Wasser	*Glockenspiel: Arpeggien mit den hohen Tönen*
Wasser steigt im Stamm nach oben.	*Glockenspiel, Pauken, Schellenkranz, Holzblocktrommeln gemeinsam*
Blüten	*hohe Töne auf dem Xylophon*
Zapfen	*Xylophon mit Holzschlegel*
Er wächst.	*Alle Instrumente gemeinsam, steigern von ganz leise bis laut, immer wieder.*

(9) Verklanglichung eines Bildes: Der Apfelbaum

Siehe Abschnitt 5.

Das Bild vom Apfelbaum wird angesehen und beschrieben: die Wurzeln, die Blätter, der Stamm, die roten Äpfel ... Es kann auch angeregt werden, sich vorzustellen, wie die Blüten des Baumes ausgesehen haben. Zu allem, was genannt wird, dürfen die Teilnehmer/innen ausprobieren, welche Klänge passen. Dann wird das Bild des Apfelbaumes gemeinsam als Klangbild gespielt.

5. Bilder

– Symbol Baum
  Zeichnung zum Eintragen von Assoziationen
  Vgl. Elsbeth Bihler, Kommt und seht. Handreichung 2: Elterngespräche – Spiele – Kopiervorlagen, Lahn-Verlag, Limburg 1993, Seite 12.

- Fotos
  - von Wurzeln
  - von einem Baumstumpf
  - von einem Baumstamm
  - von einer Baumkrone
  - von einem ganzen Baum mit Blättern
  - von einem blühenden Baum
  - von einem Apfelbaum
  - von verschiedenen Baumarten

- Christa Holl: Der Apfelbaum
- Christa Holl: Mensch und Baum
- Christa Holl: Im Kleinen liegt verborgen
- Christa Holl: Das Samenkorn
  Aus: Im Kleinen liegt verborgen oft eine große Kraft (Bildmappe), RPA-Verlag, Landshut.

- Sieger Köder: Gott erscheint dem Abraham bei den Eichen von Mamre
  Schwabenverlag, Ostfildern.

- Sieger Köder: Unter dem Apfelbaum habe ich dich geweckt (Hld 8)
  Schwabenverlag, Ostfildern.

- Sieger Köder: Der Stammbaum Jesu
  Schwabenverlag, Ostfildern.

- Sr. Sigmunda May: Der Baum aus Menschen
  Kongregation der Franziskanerinnen von Sießen, e.V.

- Mittelalterlicher Holzschnitt: Christus am Kreuzesbaum
  Aus: Hermann Kirchhoff (Hrsg.), Ursymbole und ihre Bedeutung für die religiöse Erziehung, Kösel-Verlag, München 1982, S. 74.

- Misereor-Hungertuch aus Haiti: Jesus am Kreuzesbaum

- Misereor-Hungertuch aus Indien 1: Christus im Lebensbaum

6. Gestalten/Malen/Basteln

(1) Gestaltung der Mitte

- ein Baum im Freien, um den man sich versammelt
- ein aufrecht stehender, gestalteter Baum im Raum
- ein liegender, aus Tüchern gestalteter Baum
- Fotos von verschiedenen Bäumen

(2) Bilder nachmalen

Material:
Papier, Wasserfarben, Pinsel, Wasser

Die Bilder von Christa Holl (siehe Abschnitt 5) eignen sich zum Nachmalen mit Wasserfarben.

(3) Bilder malen

Material:
Farben und Stifte aller Art, Papier, Pinsel, Wasser ...

Folgende Themen eignen sich zum Malen:
- eigener Phantasiebaum
- Lebensbaum im Paradies (Abschnitt 3 Nr. 10)
- Gott erscheint dem Abraham bei den Eichen von Mamre
- der Baum aus dem Senfkorn (Abschnitt 3 Nr. 1)
- der Birnbaum des Herrn von Ribbeck (Abschnitt 3 Nr. 8)
- der Ulmenstamm (Abschnitt 3 Nr. 5)
- die alte Eiche (Abschnitt 3 Nr. 7)
- der Weihnachtsbaum
- Menschen, die um einen blühenden Baum herumtanzen
- der wundermilde Wirt (Abschnitt 4 Nr. 4)
- der Baum vor deinem Haus (Abschnitt 4 Nr. 5)
- bunter Herbstwald

(4) Tonpapiercollage

Material:
buntes Tonpapier (viel in Braun und Grün), Scheren, Klebstoff

Methode:
Aus braunem Tonpapier wird der kahle Baum mit Wurzeln, Stamm und Krone vorgezeichnet und ausgeschnitten. Dann schneiden alle aus grünem Tonpapier Blätter und aus farbigem Tonpapier Blüten und Früchte, die dann in den Baum geklebt werden.
Sinnvoll kann es auch sein, die Blätter, Blüten und Früchte mit unseren Hoffnungen und Wünschen oder Ergebnissen zu beschriften.

(5) Reißbildspiel: In einem Baum

Material:
Zeitungspapier, buntes Tonpapier

Methode:
Aus Zeitungspapier wird ein großer Baum gerissen und in die Mitte auf den Boden gelegt. Dann werden aus dem Zeitungspapier Blätter und Blüten gerissen.
Zum Singen des Liedes »In einem Baum« (siehe Abschnitt 4 Nr. 1) oder danach werden aus Tonpapier die verschiedenen, im Lied genannten Tiere oder noch andere gerissen und in den Baum gelegt.

(6) Stoffbild: Der Birnbaum in der grünen Au

Material:
weißes Bettuch, Abtönfarben, Pinsel, Stoffreste, Klebstoff, Nadel und Faden, Papier, Scheren

Methode:
Das Lied »Der Birnbaum« (siehe Abschnitt 4 Nr. 2) wird gesungen.
Auf ein weißes Bettuch wird mit Abtönfarbe ein großer Baum vorgezeichnet. Aus Stoff werden die einzelnen genannten Teile geschnitten (vorher Schnittmuster aus Papier anfertigen) und bei der entsprechenden Strophe auf das Bettuch geklebt oder genäht.

(7) Baum aus Tüchern gestalten

Material:
viele bunte Tücher aus Taft

Methode:
Alle sitzen im Kreis, am Kreisrand liegen viele bunte Tücher. Alle versuchen nun, daraus in der Mitte einen schönen Baum zu gestalten.

(8) Baumarten zeichnen

Material:
Zeichenkohle oder weiche Bleistifte, Papier, evtl. großer Bogen Papier, Klebstoff

Methode:
Gemeinsam wird ein Spaziergang gemacht bis zu einer Stelle, an der viele verschiedene Bäume wachsen. Dort erhält jede/r die Aufgabe, sich seinen/ihren Lieblingsbaum auszusuchen und dann abzuzeichnen. Wieder zu Hause, stellen alle ihre Bäume vor und können daraus evtl. ein großes Gemeinschaftsbild auf einem großen Bogen Papier gestalten.

(9) Halbrelief »Baum« töpfern

Material:
Ton, Wasser

Methode:
Aus einem Stück Ton wird eine glatte Platte geformt. Aus weiterem Ton werden viele kleine »Würste« gerollt, die dann auf der Platte zu einem Baum zusammengelegt und darauf festgedrückt werden. Dann wird alles getrocknet.

(10) Baumplastik herstellen

Material:
Pappkartons, Draht, Zeitungspapier, Kleister, Farbe, Kreppapier

Methode:
Aus Pappkartons, Draht, Zeitungspapier und Kleister (Pappmaché) wird ein Baum geformt, der so groß wie ein Mensch ist. Dann wird er mit buntem Kreppapier umwickelt und mit Pappblättern, Früchten und Blüten behängt.

(11) Familienstammbaum basteln

Material:
alte Urkunden, großer Bogen Papier, Farbe und Pinsel, weiße Schildchen, Stifte, Klebstoff

Methode:
Erst wird nachgeforscht, wie die Eltern, Großeltern, Geschwister, Tanten und Onkel heißen (so viele Generationen zurückverfolgen wie möglich). Auf einen großen Bogen Papier wird dann ein Baum mit gleichmäßigen Ästen und Verzweigungen gemalt: 2 Äste, 4, 8, 16, 32 ... Zu jedem Ast und jeder Verzweigung wird ein kleines Schild geklebt (oder zwei), auf das die jeweiligen Namen in der entsprechenden Generation geschrieben werden. So entsteht nach und nach ein Familienstammbaum.

(12) Blätterbild

Material:
verschieden geformte Blätter, weiche Zahnbürsten, kleine Siebe, Wasserfarben, Wasser, Tesafilm, Papier

Methode:
Die Blätter werden mit Tesafilm auf das Papier geklebt. Mit den Zahnbürsten wird viel Farbe und Wasser aufgenommen, die dann durch das Sieb auf das Papier gespritzt werden. Das Blatt wird abgelöst, das abgedeckte Papier bleibt weiß, das übrige erscheint in der gewünschten Farbe.

7. Stilleübungen

L = Leiter/in; TN = Teilnehmer/in(nen). Jede freie Zeile im Sprechtext bedeutet eine längere Sprechpause.

(1) Der Traum von meinem Baum

In der Mitte ist ein gestalteter Baum zu sehen.

L spricht:
Wir sehen in der Mitte einen Baum.
Mit seinen Wurzeln hält er sich in der Erde fest.
Der Stamm ist stark und kräftig.
Seine Krone streckt sich dem Himmel entgegen.

Wir schließen die Augen.
Vielleicht hast du einen Lieblingsbaum.

Du siehst ihn jetzt vor deinem inneren Auge.

In Gedanken setzt du dich unter deinen Baum und lehnst dich an seinen Stamm.
Du fühlst die Stärke in deinem Rücken.

Du wirst ganz ruhig und entspannt.

Jetzt ist Zeit zum Träumen.

Vielleicht schenkt dein Baum dir seinen Traum.

Jetzt wird leise Musik zum Träumen eingespielt.
Im Anschluß an das Träumen kann der Traum zum Ausdruck gebracht werden durch
- *Verklanglichen: Jede/r sucht sich ein Instrument, mit dem er/sie seinen/ihren Traum am besten vertonen kann und stellt ihn vor.*
- *Malen: Jede/r malt seinen/ihren Lieblingsbaum und den Traum.*
- *Erzählen: Jede/r erzählt den Traum.*
- *bunte Tücher: Jede/r sucht sich aus vielen bunten Tüchern (oder Tonpapier) die Farbe aus, die seinem/ihrem Traum am nächsten kommt.*

(2) Ich bin wie ein Baum (Körperübung)

Alle stehen im Raum verteilt.

L spricht:

Wir beginnen, im Raum umherzugehen.
Dazu hören wir leise Musik.
Wenn die Musik zu Ende ist, bleiben wir stehen.

Musik wird eingespielt. Wenn sie zu Ende ist, spricht L weiter:

Wir sind wie ein Baum.
Zu Beginn waren wir nur ein kleines Samenkorn in der Erde.
Versucht, wieder so klein zu werden wie ein Samenkorn.
Verbergt euch im Boden.

Die Kraft der Sonne und die Feuchtigkeit aus dem Boden ließen uns wachsen.
Wer war für uns Sonne,
Licht und Wärme?
Wer war für uns Wasser,
Nahrung und Kraft?

Versucht zu wachsen, bis ihr auf euren Füßen steht.

Unsere Füße stehen fest auf dem Boden.
Unser Baum wächst mit seinen Wurzeln in die Erde.

Spürt ihr den Boden unter euren Füßen? Spürt ihr, wie eure Fußsohlen in den Boden hineinzuwachsen scheinen?

Was sind unsere Wurzeln?
Wo kommen wir her,
worin sind wir fest verankert?

Spürt der Kraft nach, die aus dem Boden in euch übergeht.
Sie wächst den Stamm hinauf:
über die Unterschenkel,
die Oberschenkel,
den Beckenbereich,
den Oberkörper
bis hin in die letzten Haarspitzen.
Der Stamm ist fest und stark.
Er gibt unserem Leben Halt.

Wer oder was macht mich stark,
gibt mir Halt?

Die Kraft, die uns wachsen läßt,
drängt danach, sich immer weiter auszudehnen.
Streckt euch wie ein Baum dem Himmel entgegen,
entfaltet Zweige und Äste.
Wonach strecken wir uns aus?
Was sind unsere Sehnsüchte und Wünsche?

Der Baum bringt Blätter, Blüten und Früchte hervor.
Was sind die Hoffnungen,
die schönen Ereignisse unseres Lebens?
Wie heißen die Früchte unseres Lebens?

Wir senken die Arme und setzen uns
langsam auf den Fußboden.
Zur folgenden Musik
denken wir über das, was wir gerade erlebt haben, nach.

Musik wird eingespielt.

(3) Der Zweig, der Leben birgt

Alle sitzen im Kreis um einen gestalteten Baum. Daneben steht in einer Vase mit Wasser für jede/n ein kleiner Zweig mit Knospen oder Blüten und Blättern.

L spricht:
Ich lade euch ein, einen dieser kleinen Zweige aus der Vase in der Mitte zu nehmen.

Legt ihn vor euch auf den Boden.

Der Zweig ist Teil eines Baumes.
Er ist von seinem Stamm entfernt.
Wird er leben oder sterben?

Hier eine kleine Geschichte:

Die Geschichte »Der Ulmenstamm« (siehe Abschnitt 3 Nr. 6) wird vorgelesen.

Jetzt wollen wir uns unserem Zweig wieder nähern.
Wir nehmen ihn vorsichtig in die Hand und schauen ihn an.
Jeden Millimeter an ihm nehmen wir zur Kenntnis:
Die Farbe des Holzes,
die Stelle, an der er abgebrochen wurde,
jede kleine Veränderung der Rinde,
die Knospen,
die Blättchen,
die Blüten.
Ein kleines Wunder des Lebens, das wir da in Händen halten.

Stellen wir ihn zurück in die Vase,
damit er Nahrung hat,
Wurzeln schlägt und weiter wächst.

(4) Das Blatt

In der Mitte liegt ein gestalteter Baum, in dessen Krone echte Herbstblätter liegen. An jedem Platz liegt ein weißes Zeichenblatt und ein Stück Zeichenkohle.

L spricht:
In der Mitte sehen wir einen Baum mit bunten Blättern.
Ich lade alle ein, sich ein Blatt aus der Mitte zu nehmen.
Legt es behutsam in eine Hand.

Wir schließen die Augen.
Wir spüren das Blatt in unserer Hand.
Es kitzelt uns nur etwas,
denn es ist federleicht.

Vorsichtig betasten wir es mit der anderen Hand.
Wir spüren den Stiel,
die feinen Adern, die die Nahrung bis in den letzten Blattwinkel bringen.
Wir spüren die feine Oberfläche.

Wir öffnen die Augen.
Wir schauen unser Blatt an.
Welche Form hat es?
Welche Farbe hat es?

Vorsichtig legen wir es unter das Zeichenblatt an unserem Platz.
Mit der Zeichenkohle fahren wir sanft über die Oberfläche.

Jetzt können wir unser Blatt wiedererkennen.

(5) Der Baum im Rotkohl

Alle sitzen im Kreis. In der Mitte ist ein Baum gestaltet.
Außerdem liegt dort ein ganzer Rotkohl und ein großes Messer, um den Rotkohl durchzuschneiden.

L spricht:
Der Baum ist ein Symbol des Lebens.
Immer wieder können wir ihm begegnen,
in vielfältigen Formen in der Natur.

Wir selber können uns so hinstellen wie ein Baum.

Alle stellen sich als Baum hin und setzen sich wieder.

Die Gestalt des Baumes läßt sich auch in diesem Rotkohl wiederfinden.
Vielleicht kann ihn einmal jemand der Länge nach durchschneiden.

Wenn ich jetzt leise Musik einspiele,
dann geben wir die beiden Rotkohlhälften im Kreis herum.
Wir betrachten die Schnittfläche.
Schaut euch den abgebildeten Baum gut an.

Die beiden Rotkohlhälften werden herumgereicht und wieder in die Mitte gelegt.

Versucht jetzt, mit den Stiften auf eurem Zeichenblatt den Baum im Rotkohl aus dem Gedächtnis nachzumalen.

(6) Herr, wie ein Baum

Nachdem alle durch das Hören von leiser Musik etwas ruhiger geworden sind, wird der Text »Herr, wie ein Baum« (siehe Abschnitt 3 Nr. 6) vorgelesen. Dazu kann die Körpererfahrung unter Nr. 2 noch einmal (gekürzt) nachvollzogen werden.

(7) Baumtanz

Als Stilleübung den Baumtanz (siehe Abschnitt 4 Nr. 7) tanzen.

8. Spiel und Aktion

(1) Der Baum wächst

Pantomime mit Tüchern und Verklanglichung

Das Samenkorn liegt in der Erde:	Ein Kind, dem hellgrüne Tücher umgehängt sind, kauert auf dem Boden. Es wird mit braunen Tüchern zugedeckt.

Musik:	*dumpfe Schläge auf eine Handtrommel oder Pauke*
Die Sonne scheint:	Drei Kinder halten gelbe Tücher hoch und stellen sich vor das Samenkorn.
Musik:	*Ein Becken mit Filzschlegel von innen nach außen schlagen und dabei allmählich lauter werden.*
Es regnet:	Kinder mit grauen und blauen Tüchern gehen um das Samenkorn herum und verdecken die Sonne. Dann gehen sie zur Seite weg. Der Wechsel von Sonne und Regen wird ständig wiederholt.
Musik:	*Mit den Fingerkuppen auf Trommeln schlagen, Rumbarasseln oder gleichmäßige Schläge auf dem Xylophon.*
Der Keim wächst:	Das Kind, das das Samenkorn spielt, steht langsam auf. Dabei gleiten die braunen Tücher zu Boden und die hellgrünen Tücher werden sichtbar.
Musik:	*leise Töne auf den hohen Tönen des Glockenspiels*
Der Stamm entwickelt sich:	Vier Kinder mit braunen Tüchern stellen sich nach und nach um den Kreis herum und schließen ihn so ein.
Musik:	*Schläge auf Holzblocktrommeln und Klangstäben, die Töne auf dem Glockenspiel, die beim Keim noch ganz hoch waren, werden immer tiefer und dann vom Metallophon aufgenommen.*

Die Krone entfaltet sich:	Vier weitere Kinder treten mit tiefgrünen Tüchern zwischen Stamm und Keim. Sie werfen von innen die Tücher hoch in die Luft und lassen sie über den Stamm fallen.
Musik:	*Alle Instrumente spielen ein Crescendo von ganz leise bis ganz laut.*

(2) Darstellendes Spiel: Die Fabel vom König der Bäume (Ri 9,7-21)

Die Schriftstelle wird vorgelesen. In Biologie- oder Sachbüchern wird nachgeschaut, wie die verschiedenen genannten Bäume aussehen. Entsprechend werden aus Pappe Attrappen der einzelnen Bäume hergestellt, so daß sie den Körper des Spielers/der Spielerin verdecken.
Die »Bäume«, von Spieler(inne)n vor sich getragen, stehen auf der Spielfläche verteilt. Sie bewegen sich immer auf den angesprochenen Baum zu und nehmen nach der Absage immer wieder den alten Standort ein. Wenn der Dornenstrauch zusagt, machen alle einen Kreis um ihn und verneigen sich.

(3) Das Wachsen des Senfbaumes

Siehe Abschnitt 3 Nr. 3 und Abschnitt 4 Nr. 3.

Die Geschichte vom kleinen Samenkorn wird gelesen. Dann lernen alle das Lied und verklanglichen es. Mehrere Personen bilden nun den Baum, der wächst: Vom Boden richten sie sich langsam auf, strecken ihre Arme aus. Andere spielen die Vögel, die um den Baum herumfliegen.

(4) Darstellendes Spiel: Der müde Baum

Siehe Abschnitt 3 Nr. 1.

Die Geschichte vom »müden Baum« wird vorgelesen. Alle stehen im Raum verteilt und lassen sich hängen wie ein müder Baum, der sich erst langsam wieder aufrichtet, weil er das Wasser in sich aufnimmt.

(5) TLP-Schattenspiel: Der Tod der alten Eiche

Siehe Abschnitt 3 Nr. 7.

Aus Zeitungspapier werden in der Größe DIN-A 5 die Bäume gerissen, die in der Geschichte vorkommen, sowie das Eichhörnchen, die Blätter, die herunterfallen, die Schneeflocken usw. Dann wird ein Tageslichtprojektor (TLP) angeschlossen und eingeschaltet. Dem Verlauf der Geschichte entsprechend werden die Figuren dann auf den TLP gelegt.

(6) Baumspaziergang

Siehe Abschnitt 4 Nr. 4.

Die Geschichte »Bäume im Wald« wird vorgelesen. Dann gehen alle gemeinsam in den Wald und betrachten die unterschiedlichsten Bäume. Jede/r sucht sich seinen/ihren Baum aus und untersucht ihn genau: Wie ist die Rinde beschaffen? Kann ich ihn mit meinen Armen umfassen? (Ich kann auch den Umfang mit einem Zentimetermaß messen.) Kann ich hören, wie der Wind mit seinen Blättern spielt? Wie sehen seine Blätter aus? Wie sind die Äste beschaffen?

(7) Baum pflanzen

Siehe Abschnitt 4 Nr. 9.

Wir lesen die Geschichte »Der Hochzeitsbaum« vor. Wir überlegen, welchen Baum wir als unseren Lebensbaum einpflanzen würden. – Eine Eiche? Eine Kastanie? Eine Birke? Einen Obstbaum? ...
Wenn wir uns entschieden haben, suchen wir uns im Garten oder im Wald einen bestimmten Platz, an dem wir unseren Baum pflanzen. Wir stellen ein kleines Schild mit unserem Namen dazu, dem Datum und der Art des Baumes. Von Zeit zu Zeit sehen wir nach unserem Baum.

(8) Schutzaktion für Bäume

Bäume sind gefährdet. Wir gehen zusammen mit einem Förster in den Wald und lassen uns erklären, welche Bäume gesund und welche krank sind. Gemeinsam überlegen wir, was zum Schutz von Bäumen getan werden kann. Vielleicht erwächst daraus eine kleine Aktion in der Gemeinde oder in der Schule.

(9) Bäume fotografieren

Alle machen einen Ausflug in die Natur, wo die unterschiedlichsten Bäume zu finden sind. Die Teile der Bäume, ganze Bäume in ihrer unterschiedlichen Erscheinungsweise werden fotografiert. Die Fotos werden hinterher ausgestellt und prämiert.

(10) Spiel: Lebensbaum

Ort: im Raum oder im Freien
Zahl der Mitspieler/innen: beliebig

Eine Geschichte vom Wachsen eines Baumes wird erzählt. Alle spielen das Erzählte nach. Immer wenn im Verlauf der Geschichte bestimmte Worte zum Thema Baum genannt werden, wird eine Bewegung dazu gemacht:

Wurzel	– Mit beiden Füßen, leicht gegrätscht, fest auf dem Boden stehen.
Stamm	– Ganz gerade stehen, die Arme an den Körper seitlich anlegen.
Ast	– Ein Arm wird ausgestreckt.
Äste	– Beide Arme werden ausgestreckt.
Blätter	– Arm ausstrecken und mit den Fingern spielen.
Früchte	– Arm ausstrecken und eine Faust machen.
Baumkrone	– Beide Arme nach oben strecken und im Wind wiegen.

(11) Spiel: Bäumchen, Bäumchen, wechsel dich

Ort: im Wald
Zahl der Mitspieler: beliebig

Jeder sucht sich einen Baum, hinter dem er sich versteckt. Ein Mitspieler versteckt sich nicht, sondern ruft: »Bäumchen, Bäumchen, wechsel dich!« Dann wechseln alle anderen ihren Baum, und der, der gerufen hat, muß einen davon fangen. Wenn jemand gefangen ist, wird er zum Rufer, und der erste Rufer sucht sich einen eigenen Baum.

(12) Fotowahl: Bäume

In der Mitte liegen die unterschiedlichsten Fotos von Bäumen. Alle gehen um die Bilder herum (dazu evtl. leise Musik spielen). Jede/r sucht sich sein/ihr Baumbild aus, das, was jetzt zu seiner/ihrer Situation oder Stimmung paßt. Wer sein Bild gefunden hat, setzt sich wieder auf seinen Platz. Dann kann jede/r, der/die möchte, sein/ihr Bild vorstellen und etwas dazu sagen. Wer nichts sagen möchte, kann sein/ihr Bild nur zeigen.

(13) Besinnung: Die Jahresringe meines Lebens

Das Alter der Bäume erkennt man an ihren Jahresringen. An den einzelnen Ringen, ihrer Breite und Färbung, kann man erkennen, ob das jeweilige Jahr ein gutes (breite Ringe) oder ein schlechtes (schmale Ringe) war.

Alle werden eingeladen, die Jahresringe ihres Lebens auf Papier mit bunten Wachsmalkreiden zu malen, so wie ein Querschnitt durch einen Baum: Von innen nach außen wird das Leben in wachsenden Ringen dargestellt. Es ist dabei wichtig, die Farben den Jahren/Zeiten entsprechend zuzuordnen, z. B. dunkle Ringe für schlechte Zeiten, helle für Gute ... Beim Malen kann leise Musik laufen.
Im Gespräch sollte darauf geachtet werden, daß die Intimsphäre jedes einzelnen gewahrt bleibt, d. h. die Bilder werden nicht der Allgemeinheit gezeigt, sondern dienen nur als Bewußtwerdungsprozeß des eigenen Lebens. Wer möchte, kann mitteilen, wie es ihm/ihr beim Malen der Baumscheibe ergangen ist.

(14) Besinnung: Mein Lebensbaum

Jede/r erhält eine Kopie des Symbols Baum (siehe Abschnitt 5).
Dieser Baum soll als persönlicher Baum beschriftet werden,
- in die Wurzeln die Antwort auf die Fragen:
  Wo bin ich verwurzelt, wie tief reichen meine Wurzeln, wo komme ich her?
- in den Stamm die Antwort auf die Frage:
  Wer oder was gibt mir Halt und Standfestigkeit?
- in die Krone die Antwort auf die Fragen:
  Wo wachse ich hin? Was wünsche ich mir? Welche Sehnsüchte habe ich? Welches sind die Früchte meines Lebens?

Weg

1. Einführung in das Symbol

Wenn wir das menschliche Leben betrachten, dann ist es geprägt von Bewegung. Beweglichkeit ist von Anfang des Lebens an gefragt. Mit welcher Ungeduld warten Eltern auf die ersten Schritte ihres Kindes, auch wenn sie einen Schritt der Ablösung bedeuten. Auf eigenen Füßen gehen und stehen ist ein Ziel heutiger Erziehung. Doch dieses Ziel gilt nicht nur in den ersten Lebensjahren, sondern im ganzen Leben. Wer nicht in Bewegung bleibt, rostet ein. Die Angst davor sitzt bei vielen Menschen tief.

Um in Bewegung zu sein, braucht es Wege, die begehbar sind. Wege haben einen Anfang und ein Ziel, sie führen in eine bestimmte Richtung. Sie sind gerade oder bestehen aus vielen Windungen, so daß das Ziel nicht sichtbar ist. Orientierung und Richtung sind wichtig. Weggabelungen fordern zur Entscheidung heraus. Um die Orientierung nicht zu verlieren, bedarf es oft einiger Hilfsmittel: Wegweiser, Landkarten, Kompaß ... Unterwegssein, das bedeutet auch Gefahr. Es gibt Umwege, die einen an den Rand der Erschöpfung bringen. Wer sich schon einmal verirrt hat, weiß wieviel Angst es auslösen kann, sich auf Irrwegen zu befinden oder in einer Sackgasse oder Einbahnstraße zu landen. Um der Gefährdung auf einer Reise entgegenzuwirken, wurden schon früh heilige Symbole und Zeichen an den Wegen aufgestellt. Noch heute zeugen Wegmarkierungen, Wegkreuze und Bildstöcke von diesem Brauch.

Wege, wie wir sie heute erleben, sind vielfältig. Zu den Waldpfaden, Feld- und Waldwegen sind gepflasterte Straßen, Autobahnen und Schienen gekommen. Immer schneller, immer weiter, so heißt die Devise. Schon früh haben befestigte Straßen den Menschen den Handel untereinander erleichtert. Nach der Art der Handelsware haben alte Straßen oft ihren Namen: Seidenstraße, Salzstraße ...

So gesehen verwundert nicht, daß für die Menschen der Weg schon früh Sinnbild für das Leben wurde. Das ganze Leben wurde als Pilgerfahrt verstanden, als ein Weg zu Gott, auf dem der Mensch Glück und Sinn findet. Sinn bedeutet etymologisch ursprünglich soviel wie Weg, Reise, Fahrt. Der Mensch ist also ständig auf der Suche nach dem richtigen Weg, getrieben von der inneren Sehnsucht nach dem ganz Anderen, nach Liebe, Glück ...

Auf seinem Lebensweg ist der Mensch zunächst einsam. Jeder muß seinen ureigenen Weg gehen, seine eigenen Erfahrungen machen, die ihm keiner abnehmen kann, auch dann nicht, wenn der eigene Weg über Umwege und Irrwege führt. Und dennoch bedarf der Mensch auf seinem Lebensweg der Weggefährten, die ihn ein Stück des Weges begleiten. »Weggemeinschaft« ist für viele Glaubensrichtungen ein Schlüsselwort. Weggefährten können dem eigenen Lebensweg die notwendige Orientierung und Richtung geben.

In allen Religionen kommt den Wegen eine besondere Bedeutung zu, weil es zum Wesen der Menschen gehört, sich zu lösen von dem Vertrauten, aber auch von dem, was abhängig macht, sich aufzumachen zu etwas Neuem, was dem Menschen zeigt, wer er eigentlich ist. Oft finden wir hier die Zweiwegesymbolik: Der Mensch erreicht eine Weggabelung, die zur Entscheidung herausfordert, oft zur Entscheidung zwischen Gut und Böse (z. B. Herakles am Scheidewege).

Von besonderer Bedeutung ist die Wegsymbolik in Form der Spirale und des Labyrinthes. Beide symbolisieren die Hoffnung, daß der Lebensweg des Menschen an seinem tiefsten Punkt, im Tod, den Tod überwindet. Dieser tiefste Punkt ist in Spirale und Labyrinth die Mitte. Labyrinthwege und Spiralenwege wurden durchschritten und getanzt. Labyrinthe in den Kathedralen von Amiens und Chartres sollten den mühsamen Weg der Erkenntnis des Glaubens und der Wissenschaft symbolisieren, der letztlich aber doch zur Mitte führt.

In vielen alten Religionen ist die Wegsymbolik als Bild des menschlichen Lebens auf dem Weg zu Gott zu finden: Bei den Ägyptern ist es der Weg der Sonne, die vom Aufgang bis zum Untergang den Lebensweg des Menschen symbolisiert. Besonders die Religionen des Ostens verstehen sich als »Wegreligionen«, als Heilswege, die sich in verschiedene Pfade gliedern. Prozessions- und Wallfahrtswege führen zu Heiligtümern. Sie werden deshalb zu »Heiligen Straßen«, zu Pilgerwegen. Man muß sich auf den Weg machen, um zu ihnen zu gelangen.

Das Alte Testament reiht eine »Weggeschichte« an die andere, ja, es ist die große Weggeschichte Gottes mit seinem auserwählten Volk: Abraham macht sich auf den Weg ins Ungewisse. Jakob zieht weg und kommt verwandelt wieder. Josef geht einen langen Weg, bis er seine Familie wiederfindet. Das Volk Israel wandert 40 Jahre durch die Wüste ... Die Wegerfahrungen im Alten Testament verbinden sich untrennbar mit Gotteserfahrungen. Gott erweist sich als der, der mitgeht.

Im Neuen Testament setzt Jesus diese Wegtradition fort: Er ist mit seinen Jüngern ständig unterwegs. Häufig erzählt er »Weggeschichten«, im Johannesevangelium sagt er: »Ich bin der Weg.«
So kommt es, daß die ersten christlichen Gemeinden ihre Lebensgemeinschaft als den »Neuen Weg« verstehen. Die Kirche bezeichnet sich noch heute als »Volk Gottes unterwegs«. Und das kommt auch in der Liturgie zum Ausdruck: Einzüge, Auszüge, Prozessionen sind, wenn auch oft verkümmert, noch vorhanden. Am Fest Fronleichnam wird besonders deutlich, daß die Gemeinde mit Jesus unterwegs ist.

2. Biblische Bezüge

(1) Sich auf den Weg machen

Genesis 12,1-9
28,10-22
Matthäus 10,5-15
Matthäus 19,1 - 20,34
Markus 8,27 - 10,52

(2) Gefahr auf dem Weg

1 Samuel 9,3-8
Lukas 10,25-37

(3) Wegbegleiter

Exodus 23,20-24
Tobit 5,1-17

(4) Richtige und falsche Wege

1 Samuel 12,23-25
Psalm 1
Sprüche 4,10-27
Jesus Sirach 4,11-19
Matthäus 6,1-6
7,13-14

(5) Gottes Begleitung auf dem Weg

Exodus 13,17-22
15,22 - 17,16
Psalm 77
Lukas 24,13-35

(6) Gott den Weg bereiten

Jesaja 40,3-5
62,10-12
Lukas 1,76-79
3,1-18

(7) Gottes Wege gehen

1 Könige 13,8-17
Ijob 28,20-28
Psalm 25,4-15
119
Jesaja 55,6-9
Johannes 14,1-14
1 Korinther 12,31b - 13,13

(8) Der Weg zum Heiligtum

Jesaja 2,2-5
35,8-10
Markus 11,1-11
Offenbarung 21,21; 22,2

3. Geschichten/Texte

(1) Die Chance der Bärenraupe, über die Straße zu kommen

Keine Chance. Sechs Meter Asphalt.
Zwanzig Autos in der Minute.
Fünf Laster. Ein Schlepper. Ein Pferdefuhrwerk.

Die Bärenraupe weiß nichts von Autos.
Sie weiß nicht, wie breit der Asphalt ist.
Weiß nichts von Fußgängern, Radfahrern, Mopeds.

Die Bärenraupe weiß nur, daß jenseits Grün wächst.
Herrliches Grün, vermutlich freßbar.
Sie hat Lust auf Grün. Man müßte hinüber.

Keine Chance. Sechs Meter Asphalt.
Sie geht los. Geht los auf Stummelfüßen.
Zwanzig Autos in der Minute.

Geht los ohne Hast. Ohne Furcht. Ohne Taktik.
Fünf Laster. Ein Schlepper. Ein Pferdefuhrwerk.
Geht los und geht und geht und geht und kommt an.

Rudolf Otto Wiemer

(2) Warten, bis die Seele nachgekommen ist

Eine Himalaya-Expedition war unterwegs nach Norden. Nachdem die Gruppe den ersten großen Paß überschritten und eine kurze Rast gemacht hatte, rief der Expeditionsleiter wieder zum Aufbruch. Dem leisteten aber die indischen Träger nicht Folge. Als ob sie nichts gehört hätten, blieben sie weiter auf ihren Planen hocken, die Augen am Boden, und schwiegen. Als der Europäer weiter in sie drang, schauten ihn einige Augenpaare verwundert an. Schließlich sagte einer: »Wir können nicht weitergehen, wir müssen warten, bis unsere Seelen nachgekommen sind!«

Eugen Rucker

(3) Beppo, der Straßenkehrer

Beppo, der Straßenkehrer, tat seine Arbeit gern und gründlich. Er wußte, es war eine sehr notwendige Arbeit. Wenn er die Straßen kehrte, tat er es langsam, aber stetig: bei jedem Schritt einen Atemzug und bei jedem Atemzug einen Besenstrich. Schritt – Atemzug – Besenstrich. Schritt – Atemzug – Besenstrich. Dazwischen blieb er manchmal ein Weilchen stehen und blickte nachdenklich vor sich hin. Und dann ging es wieder weiter – Schritt – Atemzug – Besenstrich – – –.

Während er sich so dahinbewegte, vor sich die schmutzige Straße und hinter sich die saubere, kamen ihm oft große Gedanken. Aber es waren Gedanken ohne Worte, Gedanken, die sich so schwer mitteilen ließen wie ein bestimmter Duft, an den man sich nur gerade eben noch erinnert, oder wie eine Farbe, von der man geträumt hat. Nach der Arbeit, wenn er bei dem Mädchen Momo saß, erklärte er ihr seine großen Gedanken. Und da sie auf ihre besondere Art zuhörte, löste sich seine Zunge, und er fand die richtigen Worte.

»Siehst du, Momo«, sagte er dann zum Beispiel, »es ist so: Manchmal hat man eine sehr lange Straße vor sich. Man denkt, die ist so schrecklich lang; das kann man niemals schaffen, denkt man.« Er blickte eine Weile schweigend vor sich hin, dann fuhr er fort: »Und dann fängt man an, sich zu eilen. Und man eilt sich immer mehr. Jedesmal, wenn man aufblickt, sieht man, daß es gar nicht weniger wird, was noch vor einem liegt. Und man strengt sich noch mehr an, man kriegt es mit der Angst, und zum Schluß ist man ganz außer Puste und kann nicht mehr. Und die Straße liegt immer noch vor einem. So darf man es nicht machen.« Er dachte einige Zeit nach. Dann sprach er weiter: »Man darf nie an die ganze Straße auf einmal denken, verstehst du? Man muß nur an den nächsten Schritt denken, an den nächsten Atemzug, an den nächsten Besenstrich. Und immer wieder nur an den nächsten.« Wieder hielt er inne und überlegte, ehe er hinzufügte: »Dann macht es Freude, das ist wichtig, dann macht man seine Sache gut. Und so soll es sein.« Und abermals nach einer langen Pause fuhr er fort: »Auf einmal merkt man, daß man Schritt für Schritt die ganze Straße gemacht hat. Man hat gar nicht gemerkt wie, und man ist nicht außer Puste.« Er nickte vor sich hin und sagte abschließend: »Das ist wichtig.«

Michael Ende

(4) Auf dem Wege

Auf dem Wege
von Jerusalem übers Gebirge
und nach Jericho, so steht's geschrieben,
fiel ein Mensch unter Räuber
und blieb liegen.

Wer wird ihm helfen
wer ist da zuständig?
Da ist ein Weg, wo
Menschen zugrundegehn!

Auf dem Wege
von der einen Behörde zur andern
auf dem Amtsweg erfaßt und verwaltet,

kam ein Mensch zu den Akten
und blieb liegen.

Wer wird ihm helfen
wer ist da zuständig?
Da ist ein Weg, wo
Menschen zugrundegehn!

Auf dem Wege
von der bittern Erfahrung von Kirche
hin zu dem, der Erlöser genannt wird,
kam ein Mensch nicht zum Ziele
und blieb liegen.

Wer wird ihm helfen
wer ist da zuständig?
Da ist ein Weg, wo
Menschen zugrundegehn!

Lothar Zenetti

(5) Unterwegs zu dir

Aus den Dörfern und Städten
sind wir unterwegs zu dir.

Aus den Tälern und Bergen
sind wir unterwegs zu dir.

Mit den leidenden Brüdern
sind wir unterwegs zu dir.

Mit den lachenden Kindern
sind wir unterwegs zu dir.

Als Bauleute des Friedens
sind wir unterwegs zu dir.

Als Boten der Gerechtigkeit
sind wir unterwegs zu dir.

Als Zeugen deiner Liebe
sind wir unterwegs zu dir.

Als Glieder deiner Kirche
sind wir unterwegs zu dir.

Wenn wir das Brot teilen
sind wir unterwegs zu dir.

Wenn wir die Schwachen stützen
sind wir unterwegs zu dir.

Wenn wir für die Verfolger beten
sind wir unterwegs zu dir.

Wenn wir Gottesdienst feiern
bist du bei deinem Volk.

Lateinamerikanisches Kirchenlied

(6) Wohin gehst du?

Heute bin ich einem freundlichen und unbeschwerten Menschen begegnet. »Wohin gehst Du?« fragte er mich. Ich nannte ein Nachbardorf. »Wohin gehst Du?« fragte er nochmals. Ich nannte nochmals das Dorf. »Wohin gehst Du?« fragte er mich abermals. Da ward ich unsicher, und während ich weiterging, frug ich mich selber: »Wohin gehst Du?«

Aus: Willi Hoffsümmer, Kurzgeschichten 2, Matthias-Grünewald-Verlag, Mainz 8. Auflage 1992, Rechte unbekannt.

(7) Der Wächter

In Ropschitz, Rabbi Naftalis Stadt, pflegten die Reichen, deren Häuser einsam oder am Ende des Ortes lagen, Leute zu dingen, die nachts über ihren Besitz wachen sollten. Als Rabbi Naftali sich eines Abends spät am Rande des Waldes erging, der die Stadt säumte, begegnete er solch einem auf und nieder wandelnden Wächter. »Für wen gehst du?« fragte er ihn. Der gab Bescheid, fügte aber die Gegenfrage daran: »Und für wen geht Ihr, Rabbi?« Das Wort traf den Zaddik wie ein Pfeil. »Noch gehe ich für niemand«, brachte er mühsam hervor, dann schritt er lange schweigend neben dem Mann auf und nieder. »Willst du mein Diener werden?« fragte er endlich. »Das will ich gern«, antwortete jener, »aber was habe ich zu tun?« »Mich zu erinnern«, sagte Rabbi Naftali.

Aus: Martin Buber, Die Erzählungen der Chassidim, © Manesse Verlag, Zürich 1949.

(8) Auf der Durchreise

Ein Tourist darf in einem Kloster bei Kartäusermönchen übernachten. Er ist sehr erstaunt über die spartanische Einrichtung ihrer Zellen und fragt die Mönche: »Wo habt Ihr Eure Möbel?« Schlagfertig fragen die Mönche zurück: »Ja, wo haben Sie denn Ihre?« »Meine?« erwidert darauf der Tourist verblüfft. »Ich bin ja nur auf der Durchreise hier!« »Eben«, werfen da die Mönche ein, »das sind wir auch.«

Kurt Bucher

Aus: Kurt Bucher, Wegmarken. © beim Verfasser.

(9) Der kleine Prinz und der Weichensteller

»Guten Tag«, sagte der kleine Prinz. »Guten Tag«, sagte der Weichensteller. »Was machst du da?« »Ich sortiere die Reisenden nach Tausenderpaketen. Ich schicke die Züge, die sie fortbringen, bald nach rechts, bald nach links.« Und ein lichterfunkelnder Schnellzug, grollend wie der Donner, machte das Weichenstellerhäuschen erzittern. »Sie haben es sehr eilig. Wohin wollen sie?« »Der Mann von der Lokomotive weiß es selber nicht.«
Und ein zweiter Schnellzug donnerte vorbei, in entgegengesetzter Richtung. »Sie kommen schon zurück?« »Das sind nicht die gleichen. Das wechselt.« »Waren sie nicht zufrieden dort, wo sie waren?« »Man ist nie zufrieden dort, wo man ist.« Und es rollte der Donner eines dritten funkelnden Schnellzuges vorbei. »Verfolgen diese die ersten Reisenden?« »Sie verfolgen gar nichts. Sie schlafen da drinnen oder sie gähnen auch. Nur die Kinder drücken ihre Nasen gegen die Fensterscheiben.« »Nur die Kinder wissen, wohin sie wollen«, sagte der kleine Prinz.

Antoine de Saint-Exupéry

(10) Wo kämen wir hin?

Wo kämen wir hin,
wenn alle sagten:
»Wo kämen wir hin«,
und niemand ginge,
um einmal zu schauen,
wohin man käme,
wenn man ginge.

Kurt Marti

(11) Abraham

Durch den Glauben zog er aus
in ein ungenanntes Land –
heimatlos, kein festes Haus:
Nur den Stab in greiser Hand.

Nur das Wort,
das ihm versprach,
daß Gott treu bleibt, unverwandt.
So ging er dem Worte nach,
ob er es gleich nicht verstand.

Wanderschaft und Aufenthalt,
ständig auf des Rufers Spur.
Niemals wird der Glaube alt,
der Gott Schritt um Schritt erfuhr.

Kurt Wiegering

Aus: Erzählbuch zum Glauben, Band 4: Sakramente, Verlag Ernst Kaufmann, Lahr/ Patmos Verlag, Düsseldorf 1989, Rechte unbekannt.

(12) Christophorus

Christophorus war von gewaltiger Größe und furchtbarem Angesicht. Man liest von ihm, daß ihm einst in den Sinn kam, den mächtigsten König zu suchen, der in der Welt wäre, und bei dem zu bleiben. Also kam er zu einem großen König, von dem ging die Rede, daß es keinen größeren Fürsten in der Welt gebe. Der König nahm ihn mit Freuden auf und hieß ihn bleiben an seinem Hof. Eines Tages aber sang vor dem König ein Spielmann sein Lied, darin des Teufels Name gar oft genannt war. Der König zeichnete seine Stirn mit dem Zeichen des Kreuzes, so oft des Teufels Name genannt wird. Als Christophorus das sah, verwunderte er sich über die Maßen, warum der König das täte und was er mit dem Zeichen meinte. Er fragte den König, der aber wollte es ihm nicht sagen. Da sprach Christophorus: »Sagst du es mir nicht, so bleibe ich nicht länger bei dir.« Also zwang er den König, daß er sprach: »Wann ich den Teufel höre nennen, so segne ich mich mit diesem Zeichen. Denn ich fürchte, daß er sonst Gewalt gewinne über mich und mir schade.« Sprach Christophorus:

»Fürchtest du den Teufel, daß er dir schade, so ist offenbar, daß er größer und mächtiger ist als du, da du solche Angst vor ihm hast. So bin ich denn in meiner Hoffnung betrogen, weil ich glaubte, daß ich den mächtigsten Herrn der Welt hätte gefunden. Aber nun leb wohl, denn ich will den Teufel selbst suchen, daß er mein Herr sei und ich sein Knecht.« Also ging er von dem König und machte sich auf, den Teufel zu suchen.
Auf seinem Weg kam er in eine Einöde, da sah er eine große Schar Ritter. Einer von ihnen war wild und schrecklich anzusehen. Der kam zu Christophorus und fragte ihn, wohin er fahre. Er antwortete: »Ich suche den Herrn, den Teufel, denn ich wäre gern sein Knecht.« Sprach der Ritter: »Ich bin der, den du suchst.« Da war Christophorus froh und gelobte ihm seinen Dienst für ewige Zeiten.
Als sie nun miteinander dahinzogen, kamen sie einst auf eine Straße, da war ein Kreuz am Wege erhöht. Sobald der Teufel das Kreuz sah, floh er voll Furcht und ließ die Straße und führte Christophorus einen rauhen und wüsten Weg und danach wieder zu der Straße. Christophorus wunderte sich darüber und fragte ihn, warum er den geraden Weg gelassen habe und auf solchen Umwegen durch die Wüste gefahren sei. Der Teufel wollte es ihm in keiner Weise sagen, aber Christophorus sprach: »Sagst du es mir nicht, so gehe ich alsbald von dir.« Also zwang er den Teufel, daß er sprach: »Es ist ein Mensch gewesen, Christus mit Namen, den hat man ans Kreuz geschlagen. Und wenn ich dieses Kreuzes Zeichen sehe, so fürchte ich mich sehr und muß es fliehen.« Sprach Christophorus: »So ist dann dieser Christus größer und mächtiger als du! Also war meine Mühe umsonst, und ich habe den größten Herrn der Welt noch nicht gefunden. Lebe nun wohl, denn ich will von dir scheiden und Christus suchen.«
Er suchte lange Zeit. Zuletzt kam er zu einem Einsiedler, der sprach zu Christophorus: »Der Herr, dem du dienen willst, begehrt, daß du viel fastest.«
Antwortete Christophorus: »Er fordere von mir ein ander Ding, denn dies vermag ich nicht zu tun.«
Sprach der Einsiedler: »Es ist not, daß du viel betest!«
Antwortete Christophorus: »Ich weiß nicht, was das ist, und kann ihm darin nicht folgen.«
Da sprach der Einsiedler: »Weißt du den Fluß, darin viel Menschen umkommen, wenn sie hinüber wollen?«
Christophorus: »Ja, ich weiß ihn.«

Und der Einsiedler sprach: »Du bist groß und stark: setze dich an den Fluß und trage die Menschen dahinüber, so wirst du Christus dem Herrn gar genehm sein, dem du zu dienen begehrst. Und ich hoffe, daß er sich dir dort wird offenbaren.«
Sprach Christophorus: »Das vermag ich wohl und will ihm hierin dienen.« Also ging er an den Fluß und baute sich an dem Ufer eine Hütte. Er nahm eine große Stange in seine Hand statt eines Stabes, darauf stützte er sich im Wasser und trug die Menschen alle hinüber, ohne Unterlaß.
Nach vielen Tagen, als er einst in seiner Hütte ruhte, hörte er, wie eines Kindes Stimme rief: »Christophorus, komm heraus und setz mich über.« Er stand auf und lief hinaus, konnte aber niemanden finden. Also ging er wieder in seine Hütte. Da hörte er die Stimme abermals. Er ging wieder hinaus und fand niemanden. Danach hörte er die Stimme zum dritten Mal wie zuvor. Und da er hinausging, fand er ein Kind am Ufer, das bat ihn gar sehr, daß er es hinübertrage. Christophorus nahm das Kind auf seine Schulter, ergriff seine Stange und ging in das Wasser. Aber siehe, das Wasser wuchs höher und höher, und das Kind ward so schwer wie Blei. Je weiter er schritt, je höher stieg das Wasser, je schwerer ward ihm das Kind auf seinen Schultern, also daß er in große Angst kam und fürchtete, er müßte ertrinken. Und da er mit großer Mühe durch den Fluß war geschritten, setzte er das Kind nieder und sprach: »Du hast mich in große Gefahr gebracht, Kind, und bist auf meinen Schultern so schwer gewesen: hätte ich alle diese Welt auf mir gehabt, es wäre nicht schwerer gewesen.«
Das Kind antwortete: »Das soll dich nicht wundern, Christophorus. Du hast nicht allein die Welt auf deinen Schultern getragen, sondern auch den, der die Welt erschaffen hat. Denn wisse, ich bin Christus, dem du in dieser Arbeit dienst. Und damit du siehst, daß ich die Wahrheit rede, so nimm deinen Stab, sobald du wieder hinübergegangen bist, und stecke ihn neben deiner Hütte in die Erde, so wird er des Morgens blühen und Frucht tragen.« Damit verschwand er vor seinen Augen. Christophorus aber ging hin und pflanzte seinen Stab in die Erde; und als er des Morgens aufstand, trug der Stab Blätter und Früchte.

Jacobus de Voragine

4. Lieder/Tanz und Musik

(1) Mal deinen Weg

2. Geh deinen Weg!
Bleibe nicht am Anfang stehn,
erst auf dem Wege wirst du sehn
Lichter des Lebens.
Geh deinen Weg!
Such nicht immer nur das Ziel,
auch unterwegs entdeckst du viel:
Spuren des Lebens.

T: Reinhard Bäcker M: Detlev Jöcker
Aus: Licht auf meinem Weg (Liedheft und MC)

(2) Ausgang und Eingang

T und M: Jochen Schwarz
Rechte: beim Autor.

Tanzbeschreibung:

Siehe »Pilgertanz« (Nr. 8).

(3) Ich suche neue Wege

2. Ich sehe viele Straßen,
   die führen weg von hier.
   Ich sehe andre Straßen,
   die kommen her zu mir.

3. Ich höre von den Straßen
   die Schritte kommen und gehn.
   Ich hör' den Lärm der Straße,
   ich höre Menschen gehn.

4. Ich geh' auf vielen Straßen,
ich komme nicht zur Ruh'!
Ich suche Gottes Spuren,
ich geh' auf Menschen zu.

5. Ich finde manchmal Straßen,
die führen an kein Ziel.
Ich finde andre Straßen,
die bringen hin zum Ziel.

T und M: Elisabeth Unkel

Spielanleitung:

Vor jeder Strophe rufen alle in Rufterzen (Kuckuck-Rufe) die ersten Verben der Strophen dreimal: Suchen – Sehen – Hören – Gehen – Finden. Die Rufterzen können von den Stabspielen (Glockenspiel, Metallophon, Xylophon) begleitet werden: C – A oder A – F ... Nach den Rufen werden die Strophen gesungen. Dabei gehen alle durch den Raum und imitieren die genannten Verben:
1. Str.: Ziellos im Raum hin- und hergehen.
2. Str.: Gehen und dabei die Hand ausschauend über die Augen halten.
3. Str.: Gehen und die Hände hinter den Ohren halten.
4. Str.: Gehen und am Ende auf eine/n Partner/in zugehen.
5. Str.: Mit dem/der Partner/in Hand in Hand weitergehen.

(4) Mach dich auf den langen Weg

2. Mach dich auf den langen Weg, geh, bis du ans Ziel gelangst, viele gehn den Weg mit dir, und einer geht den Weg voran, einer geht den Weg voran.
3. Einer geht und trägt das Kreuz, trägt das Kreuz für dich und mich, zeigt den Weg zum Leben an, und geht voran, geht uns voran, geht voran, geht uns voran.

T: Diethard Zils M: Martin Hörster
Aus: Willst du mit uns singen?

Tanzbeschreibung:

Alle halten sich an den Händen und stehen in einer Reihe. Der/die erste kann in den Händen ein Vortragekreuz halten, der/die zweite legt eine Hand auf die Schulter des/der ersten.
1. Str.: Alle gehen in vielen Windungen durch den Raum.
2. Str.: Alle gehen eine Spirale nach innen.
3. Str.: Alle gehen die Spirale nach außen.

(5) Wir haben Gottes Spuren festgestellt

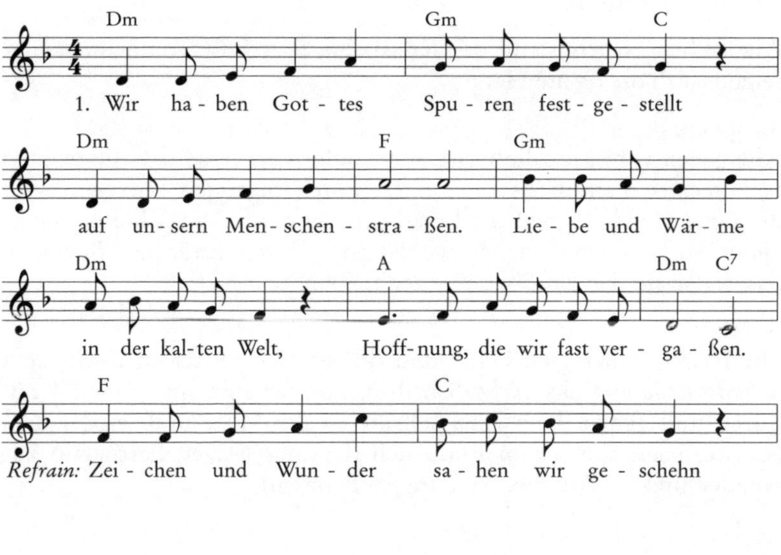

2. Blühende Bäume haben wir gesehn,
   wo niemand sie vermutet,
   Sklaven, die durch das Wasser gehn,
   das die Herren überflutet.

3. Bettler und Lahme sahen wir beim Tanz,
   hörten die Stummen sprechen,
   aus toten Fensterhöhlen kam ein Glanz,
   Strahlen, die die Nacht durchbrechen.

T: M. Scouarnec, Übersetzung: Diethard Zils M: Jo Akepsimas

Tanzbeschreibung:

Alle stehen im Kreis, auf der Kreisbahn, paarweise voreinander und reichen sich die rechte Hand.

Strophen:
Alle gehen vorwärts, die Paare aneinander vorbei, so daß die rechten Schultern sich am nächsten sind. Dem/der folgenden Tänzer/in wird die linke Hand gereicht, und man geht an der linken Schulter aneinander vorbei, dann wieder rechts usw. Gegen Ende der Strophen paarweise auf der Kreisbahn stehenbleiben.

Refrain:
Die Paare reichen sich Hand und drehen sich rechts im Kreis (acht Schritte), dann links (acht Schritte), alle fassen zum großen Kreis durch und gehen dann acht Schritte in die Mitte und wieder acht Schritte nach außen (am Ende sich dem/der letzten Partner/in zuwenden und die Ausgangsstellung einnehmen).

(6) Lieder aus dem Gotteslob

- Im Frieden dein, Nr. 473
- Wohl denen, die da wandeln, Nr. 614
- Wir sind nur Gast auf Erden, Nr. 656

(7) Musik zum Anhören

- Modest Mussorgsky, Bilder einer Ausstellung (Promenade), Originalfassung für Klavier
- Maurice Ravel, Bilder einer Ausstellung, Orchesterfassung
- Hector Berlioz, Harold in Italien, Sinfonie mit Violasolo; bes. Nr. 2 »Zug der Pilger, die das Abendgebet singen«

(8) Pilgertanz

Ist zu jedem Lied und zu jeder Musik im ruhigen 4/4-Takt zu tanzen (besonders zum Lied Nr. 2).
Alle stehen in einer Reihe hintereinander. Die rechte Hand liegt auf der linken Schulter der vorangehenden Person.
In Tanzrichtung schreiten alle: rechts vor, links vor, Wiegeschritt rechts – links (rechts vor, darauf Gewicht verlagern, links zurück, darauf Gewicht verlagern).

(9) Quadrille tanzen

Alle stehen in einer langen Reihe in Paaren. Zu einer bewegten Musik im 4/4-Takt gehen alle hintereinander durch den Raum und bilden unterschiedliche Figuren z. B.:
Alle gehen längs durch die Mitte des Raumes, am Ende geht ein Paar rechts, das andere links. Wenn sie wieder aufeinandertreffen, gehen sie zu viert durch die Mitte. Am Ende trennen sie sich wieder und reihen sich auf der anderen Seite wieder ein.
Die ersten bleiben stehen, drehen sich zueinander und bilden mit ihren Armen ein Tor. Die nächsten gehen durch das Tor und bilden im Anschluß selbst eines usw.
Viele andere Figuren lassen sich sicher noch selbst ausdenken.

(10) Spirale tanzen

Auf dem Boden wird aus grünen Zweigen, aus Tannenzweigen, aus Tüchern oder einer Schnur eine Spirale gelegt, so daß genügend Zwischenraum entsteht, durch den man gehen kann.
Alle bilden nun eine Kette und schreiten zu entsprechender Musik durch die Spirale und wieder hinaus.
Für dieses Durchschreiten der Spirale kann man gut den »Pilgerschritt« verwenden (siehe Nr. 8).
Man kann etwas in die Mitte der Spirale stellen (eine Kerze o. ä.).
Die Spirale kann auch »gedacht« sein, sie muß nicht unbedingt gelegt werden.

(11) Labyrinth tanzen

In ähnlicher Weise kann auch ein Labyrinth durchtanzt werden, das ebenfalls auf dem Boden ausgelegt ist. Wie die Spirale wird es in langsamen Schritten (evtl. im »Pilgerschritt«) zu ruhiger Musik im 4/4-Takt durchschritten.
Das kann durch einzelne geschehen oder paarweise oder auch in einer Kette. (Für eine Kette ist es notwendig, die Abstände etwas weiter zu legen.)

(12) Verklanglichung: Unser Weg

Alle sitzen im Kreis und träumen zu leiser Musik von »ihrem« Weg.
Dann erzählen sie, z. B.:
Mein Weg ist ein schmaler Pfad. Rechts und links stehen Bäume, ein kleiner Bach fließt nebenher.
oder:
Mein Weg ist eine breite Straße. Große, prächtige Häuser stehen an ihrem Rand. Sie mündet in einen großen Platz.
oder:
Mein Weg ist eine Autobahn – die Autos flitzen ...
oder:
Mein Weg ist ein Schienenstrang ...
Immer, wenn ein Weg beschrieben wird, versuchen andere, das, was erzählt wird, mit den Instrumenten in der Mitte oder mit der eigenen Stimme in Klang und Geräusche umzusetzen. Viel Spaß macht es auch, wenn die Klänge auf Band aufgezeichnet werden.

(13) Verklanglichung: Der barmherzige Samariter (Lk 10,25-37)

Vorstellung:	Verklanglichung:
Der Mann reitet über die Straße.	*Holzblock im Rhythmus der Schritte*
Die Räuber kommen.	*wilde, schnelle, ungeordnete Töne auf Xylophon, untermalt von Trommelwirbeln*
Der Priester kommt.	*Schellenkranz im Rhythmus der Schritte, erst langsam, dann zögernd, dann ganz schnell*
Der Levit kommt.	*Handtrommel im Rhythmus der Schritte, erst langsam, dann zögernd, dann ganz schnell*
Der Samariter kommt.	*Mit dem Holzblock die Schritte des Esels nachmachen.*
Er verbindet die Wunden.	*mit den Fingerspitzen über die Oberfläche der Handtrommel, dazu eine leise Glockenspielmelodie*
Er bringt ihn zu einem Gasthof.	*Schritte des Esels mit Holzblock, Schritte des Mannes mit Handtrommel*
Er klopft an die Tür.	*Klanghölzer*
Abschluß	*Glockenspielmelodie*

(14) Verklanglichung: Die Bärenraupe

Siehe Abschnitt 3 Nr. 1.

Vorstellung:	Verklanglichung:
Die Bärenraupe	*leise Melodie auf den oberen Tönen des Glockenspiels*
Die Straße	*Beckenschläge, langsam*
Die Autos	*Mit der Stimme imitieren, Instrumente aussuchen.*

Das Grün *Töne auf der Triangel*

Während der Text gelesen wird, entsteht ein Klangbild, das zwischendurch variiert, aber dessen oben genannte Elemente ständig wiederkehren.

5. Bilder

- Symbol: Weg
  Zeichnung zum Eintragen von Assoziationen
  Vgl. Elsbeth Bihler, Kommt und seht. Werkbuch zur Erstkommunion und Beichtvorbereitung für Eltern und Kinder, Lahn-Verlag, Limburg 1991, S. 21.
- Fotos von unterschiedlichsten Wegen
  - Waldpfade
  - Waldwege
  - Wege zu Häusern
  - Feldwege
  - Straßen
  - Autobahnen
  - Schienen
- Spuren im Sand
  Aus: Wilhelm Böhm, Lieder, Texte und Bilder zum Kirchenjahr III, av-edition, München/Offenbach 1988.
- Friedensreich Hundertwasser: Der große Weg
- Heinrich Müller: Du führst mich ins Weite
  Aus: Mit Kindern Psalmen beten (Bildmappe), RPA-Verlag, Landshut 1987.
- Roland Peter Litzenburger: Aussendung des Abraham
  Aus: Paul Reding, Nebenan ist Jericho, Verlag Butzon & Bercker, Kevelaer 1976.
- Sieger Köder: Jakobs Traum
  Schwabenverlag, Ostfildern.

- Paul Reding: Sah ihn und ging vorüber
  Aus: Paul Reding, Nebenan ist Jericho, Verlag Butzon & Bercker, Kevelaer 1976.
- Thomas Zacharias: Gang nach Emmaus
  Aus: Farbholzschnitte zur Bibel, Kösel-Verlag, München.
- Karl Schmidt-Rottluff: Gang nach Emmaus
  Aus: Paul Reding, Nebenan ist Jericho, Verlag Butzon & Bercker, Kevelaer 1976.
- Das Labyrinth von Chartres
  Aus: Hermann Kirchhoff (Hrsg.), Ursymbole und ihre Bedeutung für die religiöse Erziehung, Kösel-Verlag, München 1982, S. 40.
- Labyrinth
  Aus: Hubertus Halbfas, Religionsbuch für das 4. Schuljahr, Patmos-Verlag, Düsseldorf.
- Fronleichnam
  Aus: Wilhelm Böhm, Lieder, Texte und Bilder zum Kirchenjahr III, av-edition, München/Offenbach 1988.
- sog. Reichenauer Malschule: Zug der Getauften
  Aus: Alois Albrecht, Sinn erfahren aus dem Wort, Verlag Katholisches Bibelwerk, Stuttgart 1977.
- Scivias Kodex: Auf dem Weg zu Gott
  Aus: Wilhelm Böhm, Lieder, Texte und Bilder zum Kirchenjahr V, av-edition, München/Offenbach 1986.

6. Gestalten/Malen/Basteln

(1) Gestaltung der Mitte

- einen Weg aus bunten Tüchern legen
- einen Weg aus Naturmaterialien legen
- ein Foto eines Weges
- Fotos von unterschiedlichen Wegen auf ein Tuch legen

- ein gelegtes oder bildhaft dargestelltes Labyrinth
  (wenn das Labyrinth gelegt ist, kann man in seine Mitte gut eine Blume, eine Kerze o. ä. legen)
- eine gelegte oder dargestellte Spirale (auch hier kann der Mittelpunkt wie beim Labyrinth in irgendeiner Weise geschmückt sein)

(2) Bilder nachmalen

Material:
Papier, Farben aller Art, bei Bedarf Pinsel und Wasser

Folgende Bilder aus Abschnitt 5 eignen sich gut zum Nachmalen:
- Heinrich Müller: Du führst mich ins Weite
- Friedensreich Hundertwasser: Der große Weg
- Sieger Köder: Jakobs Traum
- Paul Reding: Sah ihn und ging vorüber
- Thomas Zacharias: Gang nach Emmaus

(3) Bilder nachlegen

Material:
bunte Tücher oder buntes Tonpapier

Folgende Bilder aus Abschnitt 5 eignen sich gut zum Nachlegen:
- Friedensreich Hundertwasser: Der große Weg
- Thomas Zacharias: Gang nach Emmaus

(4) Bilder malen

Material:
Papier, Farben aller Art, bei Bedarf Pinsel und Wasser

Zu folgenden Themen können Bilder gemalt werden:
- Wege und Straßen
- Abraham zieht fort (Abschnitt 3 Nr. 11)
- Das Volk Israel auf dem Weg (Abschnitt 2 Nr. 5)
- Tobias und Rafael auf dem Weg (Tob 5,1-17)
- Völker ziehen zum Berg des Herrn (Jes 2,2-5)
- Maria und Josef auf dem Weg nach Bethlehem
- Der barmherzige Samariter (Lk 10,25-37)
- Von den zwei Wegen (Abschnitt 2 Nr. 4)

- Der Einzug in Jerusalem (Mk 11,1-11)
- Der Weg nach Emmaus (Lk 24,13-35)
- Die Bärenraupe (Abschnitt 3 Nr. 1)
- Beppo, der Straßenkehrer (Abschnitt 3 Nr. 3)
- Christophorus (Abschnitt 3 Nr. 12)
- Fronleichnamsprozession
- Gottes Spuren (Abschnitt 4 Nr. 5)

(5) Der Weg meines Lebens

Material:
Papier, Wachsmalstifte, Fotos

Methode:
Jeder schreibt zunächst auf ein Blatt die wichtigsten Stationen seines Lebens. Dann werden von diesen Ereignissen Fotos herausgesucht. Wo kein Foto vorhanden ist, kann man auch schreiben oder malen, worum es sich handelt. Diese wichtigen Lebenssituationen werden nun dem zeitlichen Ablauf des Lebens nach geordnet und dann auf ein großes Blatt Papier gelegt.
Jetzt stellen sich alle vor, wie der Weg von Station zu Station ausgesehen hat: geradlinig oder verschlungen, bergauf oder bergab, ein steiniger Weg, mühsam zu gehen, oder eine breite Prachtstraße ... Die Art der Wege wird von Station zu Station unterschiedlich sein.
Jetzt werden die Fotos, Bilder oder Worte so auf dem Papier geordnet, daß die einzelnen Wege entsprechend ihrer Art von Station zu Station gemalt werden können. Dazu kann auch gut das Lied »Mal deinen Weg« (siehe Abschnitt 4 Nr. 1) gesungen werden.

(6) Malen nach der Natur

Material:
Papier, Buntstifte oder Wasserfarben, Pinsel und Wasser

Methode:
Alle gehen mit ihrem Material ins Freie, in die Stadt, in den Wald, ganz nach Wunsch. Dort sucht sich jede/r einen Weg oder eine Straße von einem bestimmten Blickwinkel aus aus und zeichnet oder malt ihn/sie.

(7) Bunte Spiralen (Gemeinschaftsbild)

Material:
großer Bogen Packpapier, Wachsmalkreiden

Methode:
In der Mitte liegt ein großer Bogen Packpapier. Vor jedem/jeder Teilnehmer/in liegt eine Schachtel Wachsmalkreiden. Alle malen auf dasselbe Papier bunte Spiralen in unterschiedlichsten Farben, ineinander verschlungen, übereinander ...

(8) Ein Weg auf Naturmaterialien

Material:
Sand, Steine, Kiesel, Blumen, Gräser, Erde, Plastikplane oder große Pappe

Methode:
Auf eine Plastikplane oder einen großen Karton wird ein Weg aus den oben genannten Naturmaterialien gelegt bzw. gebaut.

(9) Einen Weg ausgestalten

Material:
Tücher, bunte Bausteine, Hölzer, Kugeln, Steine, Blumen (echte oder aus Tonpapier)

Methode:
In der Mitte ist ein Weg aus bunten Tüchern oder auch ein Weg aus Naturmaterialien (siehe Nr. 8) gelegt. Dieser Weg wird nun ausgeschmückt mit den oben genannten Materialien.

(10) Plakatgestaltung: Die Wege eines Tages

Material:
Karton, Wachsmalstifte, Papier, Schreibstifte

Methode:
Jede/r überlegt, welche Wege er/sie am vergangenen oder vorhergehenden Tag zurückgelegt hat, und schreibt sie auf.
Die Ziele werden auf ein Plakat geschrieben oder gemalt und mit Linien als Wegen verbunden. Wenn manche Wege mehrmals gemacht wurden, diese Wege auch mehrmals einzeichnen.

(11) Collage: Unterwegs zu dir (Gemeinschaftsarbeit)

Siehe Abschnitt 3 Nr. 5.

Material:
Tonpapier, großer Bogen weißes, rechteckiges Papier, Scheren, Klebstoff

Methode:
Der Text »Unterwegs zu dir« wird vorgelesen und besprochen. Dann wird dazu ein gemeinsames Plakat gebastelt:
Aus braunem Tonpapier wird ein Kreuz geschnitten und dasselbe an der oberen Seite des hochrechteckig gelegten weißen Papierbogens befestigt. Alle machen jetzt aus buntem Tonpapier viele Figuren, die sich von unten her, von rechts und links auf das Kreuz zubewegen.
Man kann das Kreuz auch in die Mitte eines quadratischen Untergrunds kleben und die Figuren von allen Seiten auf das Kreuz zugehen lassen. Dann muß bei den Figuren nur die deutliche Ausrichtung auf die Mitte hin zum Ausdruck kommen.

(12) Den Weg zur Krippe gestalten

Material:
Holzstückchen, Stroh, Tonpapier, Sand, Blumen, Steine, kleine Herzen

Methode:
In der Adventszeit sucht man sich einen Ort in der Wohnung, wo ein Adventsweg ausgestaltet werden kann.
Aus den Holzstückchen wird eine kleine Krippe gebastelt, die mit Stroh gefüllt wird. Diese Krippe steht am Ende eines Weges, dessen Grundstruktur aus einem braunen Tonpapier geschnitten und gelegt wird. Im Laufe der Adventszeit wird der Weg auf die Krippe hin gestaltet: Für alles, was am Tage schön und gut war, wird eine kleine Blume darangestellt, für alles, was schwer oder schlecht war, wird ein Stein auf den Weg gelegt. An jedem Adventsonntag werden kleine Kerzen auf den Weg gestellt und entzündet: am ersten Advent eine, am zweiten Advent zwei usw.

(13) Ein Labyrinth zeichnen

Material:
Stift, Papier

Methode:
Auf das Papier wird in der Mitte mit zwei Strichen ein gleichschenkliges Kreuz gezeichnet. In die Mitte der vier Winkel wird jeweils ein dicker Punkt gemalt. Jetzt werden die Punkte und die Enden des Kreuzes miteinander verbunden, und zwar immer abwechselnd im Bogen von links nach rechts, von rechts nach links usw.

(14) Das Labyrinth von Chartres aus Ton gestalten

Material:
Ton, eine Zeichnung des Labyrinthes von Chartres oder eines ähnlichen in vereinfachter Form

Methode:
Die Darstellung des Labyrinthes von Chartres (siehe Abschnitt 5) wird genau angesehen.
Aus Ton wird eine flache Platte geformt und die Ränder des Labyrinthweges aus dünnem, zwischen den Händen gerolltem Ton darauf gelegt und mit dem Untergrund verbunden.

7. Stilleübungen

L = Leiter/in; TN = Teilnehmer/in(nen). Jede freie Zeile im Sprechtext bedeutet eine längere Sprechpause.

(1) Wohin gehst du?

Die Mitte ist als Weg gestaltet oder es liegt ein Bild eines Weges o.ä. in der Mitte (siehe Abschnitt 6 Nr. 1).
Alle stehen um die Mitte im Kreis.

L spricht:
In der Mitte sehen wir einen Weg.

Viele Wege gehen wir jeden Tag.
Viele Wege sind wir in unserem Leben gegangen.

Gehen wir im Raum umher.
Wir spüren den Boden unter unseren Füßen.
Wir rollen die Fußsohle beim Gehen bewußt von der Ferse bis zu den Zehen.
Wir denken an Wege, die wir häufig gehen.

Dann setzen wir uns im Kreis um die Mitte.

Jeder Weg hat einen Anfang.
Jeder Weg hat ein Ziel.
Ohne Ziel werden wir orientierungslos.

Unseren Lebensweg können wir nur selbst gehen.
Ob er Richtung und Ziel hat, liegt an uns.

Jetzt wird die Geschichte »Wohin gehst du?« (siehe Abschnitt 3 Nr. 6) vorgelesen und dann bei leiser Musik Zeit zum Nachdenken gelassen. Die Gedanken können aufgeschrieben oder gemalt werden.

(2) Der Weg unseres Lebens

Wie in Nr. 1 ist auch hier die Mitte als Weg gestaltet.
Alle sitzen im Kreis um die Mitte.

L spricht:
In der Mitte sehen wir einen Weg.
Unser Leben ist wie ein Weg.
Der Weg in der Mitte soll ein Zeichen für unseren Lebensweg sein.

Wir sind ihn mehr oder weniger weit gegangen.

Wir schließen unsere Augen und gehen unseren Lebensweg noch einmal vor unserem inneren Auge.

Wir erinnern uns nicht an den Anfang.
Vielleicht kennen wir uns als Babys von Fotos.
Wir waren klein und hilflos.
Von Anfang an waren da Menschen,
die uns auf unserem Weg ein Stück begleitet haben –
Eltern – Geschwister – Verwandte – ...

Dann begannen wir, uns selbst fortzubewegen:
zu krabbeln, die ersten Schritte zu tun,
die Welt zu entdecken.

Andere Menschen traten in unser Leben:
Freunde und Freundinnen,
Erzieherinnen im Kindergarten.

Unsere Schritte wurden selbstbewußter und länger.
In der Schule wurde unsere kleine Welt immer größer.
Und auf dem Weg unseres Lebens wurden auch wir immer größer.

Und immer waren da neue Menschen, neue Gesichter.
Wir haben uns immer mehr entschieden:
für einen Beruf – für ein Leben mit oder ohne Familie.

Unser Lebensweg war nicht immer eine breite Straße.
Vielleicht war er mühsam und verschlungen,
vielleicht lagen viele Hindernisse im Weg.
Aber wir sind unseren Weg gegangen bis hierher.

Irgendwann werden unsere Schritte bedächtiger, langsamer.
Wir hoffen, daß wir dann an einem Ziel angelangt sind.

(3) Tanz als Stilleübung

Langsame Schreittänze, wie sie unter Abschnitt 4 Nr. 8, 10, 11 beschrieben sind, können gut als Stilleübung verwendet werden.

(4) Spiralen

Zu ruhiger Musik male jede/r für sich mit bunten Farben Spiralen auf ein Blatt.

(5) Labyrinth

Jeder hat sich ein Labyrinth getöpfert (siehe Abschnitt 6 Nr. 14). Zu ruhiger Musik fährt jede/r mit dem Finger den Weg des Labyrinths mehrmals nach, bis er/sie in die Mitte gelangt.
Diese Übung kann auch mit einer Kopie des Labyrinths von Chartres (o. ä.) gemacht werden, wo dann jede/r mit einem Stift den Weg nachzeichnet.
Anschließend werden die Erfahrungen damit ausgetauscht.

8. Spiel und Aktion

(1) Spiel: Mit Jesus gehen

Erzähler: Jesus geht allein durch das Land. Er will den Menschen von Gott erzählen. Jesus ist Gottes Sohn. Am See stehen zwei Fischer. Sie wollen Fische fangen.

Zwei Kinder stellen pantomimisch dar, daß sie angeln, die Netze auswaschen, Fische in einen Eimer legen. Jesus ist während den Worten des Erzählers zu den Fischern gegangen. Er bleibt bei ihnen stehen und sieht ihnen zu.

Jesus: Kommt mit mir!
1. Fischer: Wer bist du?
Jesus: Ich bin Jesus.
2. Fischer: Und was willst du tun?
Jesus: Ich will den Menschen von Gott erzählen.
1. Fischer: Hast du keine Arbeit?
Jesus: Doch! Aber was ich tun will, ist wichtiger!
2. Fischer: Du hast recht! Ich komme mit!
1. Fischer: Ich komme auch mit. Wollen wir Freunde sein?

Die beiden Fischer reichen Jesus ihre Hände, und Jesus schlägt ein.

Erzähler: Jesus und die beiden Fischer gehen zusammen. Sie sind Freunde. Dort drüben auf dem See fahren drei Männer in einem Schiff.

In einem Boot (umgekippter Tisch) rudern drei Männer. Jesus und die beiden Fischer sehen ihnen zu.

Jesus: Kommt mit mir!
1. Mann: Wer seid ihr?
Beide Fischer: Wir waren Fischer! Ja, wir waren auch Fischer.
Jesus: Ich bin Jesus.
1. Fischer: Er ist unser Freund!
2. Mann: Und was willst du tun?
Jesus: Ich will den Menschen von Gott erzählen.
3. Mann: Und ihr?
2. Fischer: Wir sind seine Freunde. Wir gehen mit ihm.
1. Mann: Und eure Arbeit?
1. Fischer: Was er tun will, ist wichtiger!
1. Mann: Du hast recht.

Er fragt die anderen. Sie beraten leise.

2. Mann: Wir kommen mit!

Sie rudern, dann steigen sie aus, gehen auf Jesus zu.

3. Mann: Wollen wir Freunde sein?

Die Fischer, Jesus und die drei Männer aus dem Boot geben sich die Hände. Dann gehen sie gemeinsam weiter.

Erzähler: An einem Tor steht ein Mann und verlangt Geld. Jeder, der in die Stadt will, muß Steuern bezahlen. Der Mann will auch Zoll von Jesus und seinen Freunden.

An einem Tisch steht der Zöllner. Er hält die Hand auf.

Zöllner: Halt! Ihr könnt nicht weiter! Zuerst müßt ihr Zoll bezahlen!

Jesus: Komm mit mir! Ich will den Menschen von Gott erzählen.

Zöllner: Und die andern?

Jesus: Das sind meine Freunde!

Zöllner: Haben sie keine Arbeit?

Jesus: Doch! Aber was ich tun will, ist wichtiger.

1. Fischer: Komm mit uns!

Zöllner: Ihr seid alle seine Freunde?

Er zögert. Als Jesus auf ihn zu geht, gibt er ihm die Hand.

Zöllner: Ich komme mit. Darf ich auch dein Freund sein?

Jesus geht auf ihn zu, umarmt ihn. Die andern geben ihm die Hand, nehmen ihn in ihrer Gruppe auf, und gemeinsam gehen sie weiter.

Erzähler: Jesus findet viele Freunde. Er ruft: »Komm mit mit mir! Ich will den Menschen von Gott erzählen.« Jesus ist Gottes Sohn. Er hat zwölf Jünger. Sie gehen mit ihm, überall hin. Es kommen immer mehr hinzu, die mit Jesus weitergehen.

Rolf Krenzer

(2) Puppenspiel: Auf dem Weg nach Emmaus

Aus bunten Tüchern werden drei Handpuppen hergestellt: Man nimmt eine Ecke des Tuches, macht darin einen Knoten, versteckt den Zipfel, der dann noch herausschaut, unter diesem Knoten. Das ist

der Kopf der Handpuppe, in den man den Zeigefinger steckt, während der Rest des Tuches am Arm herunterhängt.
Man sollte die Farben der Tücher bewußt auswählen: die beiden Jünger auf dem Weg nach Emmaus, Jesus. In der Emmausgeschichte steht, daß sich die Jünger auf dem Weg unterhielten. Was gesprochen wurde, steht nicht da. Das Gespräch auf dem Weg nach Emmaus sollen nun die Puppenspieler mit ihren Puppen improvisieren.

(3) Figurenspiel: Abrahams Karawane

Die Geschichte von Abrahams Auszug (Gen 12,1-9) wird gelesen. Dann überlegen sich alle, wer wohl alles mit Abraham zog (Menschen und Tiere). Diese Figuren werden aus Pfeifenputzern, Wattekugeln und Stoffresten gebastelt und in einer Karawane aufgestellt. Diese Karawane zieht nun auf einem vorbereiteten »Weg« in das verheißene Land.

(4) Sketche zu kurzen Geschichten

Einige der in Abschnitt 3 aufgeführten Weggeschichten eignen sich dazu, sie hintereinander als kurze Sketche spielen zu lassen. Die Reihenfolge sollte man sich vorher überlegen.
- Warten bis die Seele nachgekommen ist (Nr. 2)
- Wohin gehst du? (Nr. 6)
- Für wen gehst du? (Nr. 7)
- Auf der Durchreise (Nr. 8)

(5) Papptheater

Zwei Geschichten lassen sich gut als »Papptheater« oder »Guckkastentheater« spielen:
- Beppo, der Straßenkehrer (Abschnitt 3 Nr. 3)
- Der kleine Prinz und der Weichensteller (Abschnitt 3 Nr. 9)

Die Herstellung eines »Papptheaters«: Ein großer Pappkarton wird als »Guckkastentheater« hergerichtet. Von oben muß der Karton eine Öffnung haben zum Bewegen der Spielpuppen. Als Kulisse wird in den hinteren Bereich des Theaters ein Bild gehängt, das die ganze Rückseite ausfüllt. (Das Bild kann mit einem Rundholz von oben her in den Guckkasten gehängt werden.)

In der Geschichte vom kleinen Prinzen können die »Schnellzüge«, die vorbeirasen, extra aufgemalt und durch seitliche Schlitze quer über den Hintergrund gezogen werden.
Aus Pappe werden die handelnden Personen gemalt und ausgeschnitten. Beppo und Momo, der kleine Prinz und der Weichensteller ... Hinter jeder Person wird ein dünnes Stäbchen befestigt, mit dem durch die obere Öffnung des Papptheaters die Figuren bewegt werden. Von oben dient eine Schreibtischlampe als Beleuchtung.
Wenn die Vorbereitungen abgeschlossen sind, können die Geschichten während des Vorlesens nun im Papptheater szenisch dargestellt werden, die Personen sprechen mit verteilten Rollen.

(6) TLP-Schattenspiel: Christophorus

Siehe Abschnitt 3 Nr. 12.

Die Geschichte von Christophorus wird vorgelesen. Die handelnden Personen und notwendigen Kulissen werden aus Zeitungspapier ca. 10 cm hoch gerissen oder geschnitten. Diese Figuren werden während des Erzählverlaufes auf einen Tageslichtprojektor (TLP) gelegt und vergrößert an die Wand projiziert.

(7) Brettspiel: Lebensweg

Es wird ein Spielplan als Würfelspiel vorbereitet, auf dem ein Weg zu sehen ist. Besondere Punkte sind als Stationen eines Lebensweges gekennzeichnet: Geburt, Taufe, Kindergarten, Schule, Freunde ... Zu diesen Stationen eines Lebensweges werden bestimmte Aufgaben ausgedacht, die zu der Lebensstation passen und die der- oder diejenige, die auf das Feld kommt, erfüllen muß.

(8) Die Reise nach Jerusalem

In der Mitte steht eine Stuhlreihe, deren Sitzflächen abwechselnd nach links oder rechts zeigen (oder zwei Reihen, deren Lehnen sich berühren). Es gibt einen Stuhl weniger als Mitspieler/innen da sind. Zu Musik gehen alle um diese Stuhlreihe(n) im Kreis. Wenn die Musik aussetzt, setzen sich alle auf einen Stuhl. Wer keinen Platz hat, scheidet aus, ein Stuhl wird aus der Reihe genommen, und das Spiel beginnt von vorn. Das geht so weiter, bis nur noch zwei Personen um einen Stuhl herumgehen. Dann wird der/die Gewinner/in ermittelt.

(9) Wanderung

Gemeinsam eine Wanderung machen, auf der die unterschiedlichsten Wege zu begehen sind. Während der Wanderung besonders auf die unterschiedlichen Wege achten, und hinterher darüber sprechen, wie die einzelnen Wege empfunden wurden.

(10) Emmausgang machen

In der Osterzeit (vielleicht am Ostermontag) einen Emmausgang machen, wo viele sich auf den Weg begeben und sich an einem Ziel treffen (Osterfeuer o. ä.).

(11) Kompaßwanderung

Eine Wanderung querfeldein machen, und sich nur nach einem Kompaß richten. Die Erfahrungen und Empfindungen nachher austauschen.

(12) Labyrinth oder Spirale pflanzen

Nach dem Vorbild des Labyrinths von Chartres (siehe Abschnitt 5) wird in die Gartenerde mit einem Stock ein Labyrinth gezeichnet, das dann mit Gras o. ä. bepflanzt wird. Wenn es gewachsen ist, kann man durch das Labyrinth schreiten.
Anstelle des Labyrinths kann auch eine Spirale gepflanzt und durchschritten werden.

(13) Fronleichnam

An einer Fronleichnamsprozession teilnehmen, evtl. vorher eine Station schmücken oder/und inhaltlich gestalten.

(14) Fotowahl: Wege

Unterschiedliche Fotos von Wegen liegen in der Mitte, alle Teilnehmer/innen schauen sich diese Bilder in Ruhe an, gehen evtl. einmal daran vorbei und suchen sich das Bild aus, das ihrem Lebensweg am ähnlichsten zu sein scheint. Wenn es möglich ist, sprechen alle im Anschluß darüber.

(15) Lebensweg beschriften

Eine Wegzeichnung (siehe Abschnitt 5) wird für alle fotokopiert. Jede/r beschriftet nun diesen Weg mit den wichtigsten Ereignissen seines/ihres Lebens. So wird der Weg zum eigenen Lebensweg.

Kreuz

1. Einführung in das Symbol

Wenn wir heute in unserem Kulturkreis dem Zeichen des Kreuzes begegnen, dann sehen wir es meistens als christliches Symbol. Aber auch ohne die direkt christliche Deutung begegnet uns das Kreuz fast ständig: Wir gehen täglich über Straßenkreuzungen, irgend etwas oder irgend jemand kreuzt oder durchkreuzt unseren Weg, ohne gekreuzte Balken wäre Architektur nicht denkbar. Wegkreuzungen fordern zur Entscheidung auf. Ja, unser Körper wird getragen von »Kreuzen«, z. B. vom Kreuz in den Schultern oder vom Kreuzbein, das eine wesentliche Verbindung von Ober- und Unterkörper bildet.
Lange bevor das Kreuz zum christlichen Symbol wurde, war es in anderen Kulturen und Religionen ein Heilszeichen. Schon in Höhlen der Jungsteinzeit sind Kreuze zu finden. Durch ihre vertikale und gleichzeitig horizontale Ausrichtung scheinen Kreuze das miteinander verbinden zu können, was sonst nicht miteinander zu verbinden ist: Leben und Tod, Licht und Dunkel, Himmel und Erde.
Die Senkrechte des Kreuzes deutet die Verbindung Gottes mit den Menschen an, die Waagerechte verweist auf die Verbindung der Menschen untereinander. Das Kreuz verbindet Himmel und Erde, gleichzeitig umspannt es die Welt: Die vier Himmelsrichtungen legen von jedem Punkt der Welt aus ein Kreuz über die Erde. Alte Riten der Naturvölker zeugen von diesem Wissen, wenn sie z. B. beim Rauchen der »heiligen Pfeife« den Rauch in die vier Himmelsrichtungen blasen oder wenn sie die heilige Asche in die »vier Winde« verstreuen.
Der Mittelpunkt der Welt konnte, wenn man sich die Erde kreisförmig als Scheibe dachte, nur durch ein Kreuz gefunden werden.
Kreuze erscheinen in den Kulturen in unterschiedlichster Form: als gleichschenklige Kreuze, als liegende Kreuze, ähnlich dem Buchstaben »x«, als »Hakenkreuze« (auch schon vor der Zeit des Nationalsozialismus), deren unterschiedliche Ausrichtung nach rechts oder links Glück oder Unglück bedeuten konnten. Wichtig war die Darstellung des Kreuzes im Kreis, weil damit die ganze Welt dargestellt wurde. Abbildungen von Kreuzen mit verlängertem Längsbalken waren eher selten.
Die Kreuzigung als Todesstrafe kannten die Römer seit den punischen Kriegen. Durch diese Todesstrafe, mit der auch Jesus hingerichtet wurde, erhielt das Kreuz den Beigeschmack des Leidens.

Durch den Tod Jesu am Kreuz wurde das Kreuz zum Zeichen der Christen. Sie identifizieren sich mit diesem Kreuz im Leiden, sehen es aber – durch die Überwindung des Todes in der Auferstehung Jesu – auch als Heilszeichen. So finden wir heute in Kirchen und an Wegrändern, auf Bergesgipfeln, auf Friedhöfen und in Wohnungen die unterschiedlichsten Kreuzesdarstellungen: Leidenskreuze mit dem leidenden Jesus, Triumphkreuze aus Edelsteinen, Kreuze, an denen Jesus als Auferstandener zu sehen ist, oder einfach Kreuze (als Zeichen) mit Längs- und Querbalken.
Viele Menschen tragen Kreuze als Schmuckstücke, manchmal, um ihre Zugehörigkeit zur Gemeinschaft der Christen zum Ausdruck zu bringen, immer häufiger aber auch als reine Zierde.
In der christlichen Tradition ist das Kreuz eng verbunden mit den beiden vorhergehenden Symbolen Baum und Weg. Bis heute gehen Menschen betend den Kreuzweg Jesu nach. Viele Darstellungen zeigen Jesus als den Gekreuzigten an einem »Kreuzesbaum«.

2. Biblische Bezüge

(1) Jesus wird gekreuzigt

Matthäus 27,20-26
Markus 15,13-14
15,20b-32
Markus 15,33-41
Johannes 19,16b-37

(2) Das Wort vom Kreuz

1 Korinther 1,18-31
Galater 6,14

(3) Das Kreuz auf sich nehmen

Matthäus 10,38-39

3. Geschichten/Texte

(1) Rückerinnerung an die Mathematik

Rückerinnerung
an die Mathematik:
irgendwann waren
die Kurven dran.
Eingetragen in ein
Koordinatensystem,
hatte jeder Punkt
der Kurve einen
bestimmten Abstand
zur einen wir zur
anderen Achse.
Mathematik wird
in meiner Erinnerung:
zum Zeichen für Leben
und Glauben:
das Koordinatensystem –
ein Kreuz.
Zwei Achsen,
die sich schneiden:
horizontal gerichtet,
nach rechts und links,
in die Umwelt,
zu den Menschen,
die eine.
Vertikal gerichtet,
nach oben,
in die Transzendenz,
zu Gott,
die andere.
Am Schnittpunkt
beider Achsen
sieht unser Glaube:
Jesus, der
die Richtung auf Gott hin
und die Richtung
auf die Menschen hin
nahtlos miteinander
verbindet.

Aus: Bistum Essen, Von Aschermittwoch bis Ostern. Ein Wegbegleiter für die ganze Familie, Verlag Ferdinand Kamp, Bochum 1989.

(2) Am Kreuz wird es hell

Es war im Herbst in den bayerischen Bergen. Im Tal lag eine dichte Nebeldecke. Eine Gruppe von Urlaubern aber wollte sich mit diesem Grau in Grau nicht zufriedengeben, sie wollte doch etwas erleben von der Schönheit der Alpenwelt. So stiegen sie den Berg hinan in der Hoffnung, daß doch bald die Sonne kommen und alles in ihrem goldenen Licht erstrahlen müßte. Doch eine Viertelstunde, eine halbe Stunde, mehr als eine Stunde verging: Im dunklen Bergwald und um die grauen Felswände herum erschienen die Wolkennebel nur noch dichter. Schließlich kam ihnen ein Einheimischer von oben her entgegen.

Sie fragten ihn: »Sagen Sie, nimmt denn der Nebel gar kein Ende? Sollen wir weitersteigen, oder sollen wir umkehren?« Der Einheimische antwortete: »Ihr müßt bis zum Kreuz hinauf, dort ist alles hell.« Und so war es wirklich: Am Gipfelkreuz war der Nebel zu Ende, fast wie abgeschnitten. Eine strahlende Sonne leuchtete von einem herrlich blauen Himmel, und rings im Kreis grüßte Berggipfel neben Berggipfel, wie zum Greifen nah.

Aus: Willi Hoffsümmer, Kurzgeschichten 3, Matthias-Grünewald-Verlag, Mainz 5. Auflage 1992, Rechte unbekannt.

(3) Jockel Kreuzmaler

In Wirklichkeit heißt Jockel mit dem Nachnamen gar nicht Kreuzmaler. Die Leute im Dorf nennen ihn nur so, und das hat seine besondere Bewandtnis: Als Jockel sechs Jahre alt war, bekam er eine kleine Schwester. Sie wurde auf den Namen Rosa getauft. Jockel fand, daß Rosa ein passender Name für das kleine zarte Wesen war, denn so sah sie auch aus – rosa von der Stupsnase bis zu den winzigen Zehen. Er hatte sie sehr lieb und nannte sie Rosi. Er spielte mit ihr, brachte ihr die ersten Worte und Schritte bei, bewachte sie wie ein Ritter seine Prinzessin und war jederzeit bereit, ihr seine schönsten Spielsachen zu schenken. Aber als Rosa drei Jahre alt war, wurde sie eines Tages krank und starb wenig später. Jockel mußte mit ansehen, wie seine geliebte kleine Rosi in einen Sarg gelegt und auf dem Friedhof in die Erde gebettet wurde. Er ging fast jeden Tag hin und legte frisch gepflückte Blumen und im Winter Tannenzweige auf das Grab. Er konnte sich einfach nicht vorstellen, daß Rosi wirklich tot war. Er glaubte, sie sitze im Himmel auf einer Wolke und sehe Tag für Tag auf ihn nieder. Ihr kurzes, schmales Grab lag am Ende einer Reihe von elf anderen, genauso kleinen Kindergräbern an der Südseite des Friedhofes. Jockel hatte auch einige von den Kindern gekannt, die in den anderen Gräbern lagen, zum Beispiel den kleinen Peter gleich neben Rosi, der – genau wie Rosi – an Scharlach gestorben war. Im nächsten Grab lag Konrad, der im ersten Schuljahr mit Peter auf einer Bank gesessen hatte und im Winter darauf beim Schlittschuhlaufen ertrunken war. Und im übernächsten lag die kleine Bauerntochter Dorle.

Wenn Jockel vor den Kindergräbern stand, dachte er jedesmal an Rosi auf der Wolke, und im Geiste sah er auch die anderen Kinder auf

Rosis Wolke. Womöglich waren sie gar nicht so traurig, wie ihre kleinen Gräber aussahen. Am Kopfende eines jeden stand ein dunkles hölzernes Kreuz, bei zweien sogar richtige Grabsteine. Der Anblick der dunklen, strengen Kreuze stimmte Jockel immer wieder traurig. Warum hatte man seinem lustigen, rosigen Schwesterchen zum Gedächtnis ein so finsteres Grabkreuz errichtet? War es denn nicht schön, an sie erinnert zu werden? Doch, Jockel dachte gern an Rosi, und darum beschloß er eines Tages im späten Herbst, als alle Leute sich darauf vorbereiteten, den Feiertag zum Gedächtnis der Toten zu begehen, die Sache mit dem finsteren Kreuz zu ändern.
Am Tage vor diesem Sonntag leerte er seine Sparbüchse. Mehr als zehn Mark kamen zum Vorschein, als er sie aufschloß. Er steckte die Münzen in seine Hosentaschen und ging zum Malermeister. Für eine Mark bekam er einen Pinsel und eine kleine Büchse mit wetterfester, glänzender rosa Farbe. Schnurstracks lief er mit seinen Schätzen zum Friedhof. Weit und breit war kein Mensch zu sehen, denn bis zum Totensonntag mußten ja noch über zwanzig Stunden vergehen.
Jockel kniete vor Rosis Kreuz nieder, öffnete die Farbbüchse und begann eifrig, das dunkle Holz mit seiner rosa Ölfarbe anzumalen. Die Arbeit ging ihm viel zu schnell von der Hand, nach einer halben Stunde schon war er fertig. Er trat ein paar Schritte zurück und musterte sein Werk. Er fand es so schön wie ein Kreuz aus purer Morgenröte, und er war sicher, daß Rosi auf ihrer Wolke jetzt glücklich in die Hände klatschte und sich freute. Doch während er noch so stand und sein Geschenk an Rosi betrachtete, kam ihm der Einfall, daß er den Kindern in den anderen Gräbern eigentlich auch eine solche Freude machen könnte. Er überlegte, welche Farben er wählen sollte. Was mochte wohl am besten zu Peter passen, der neben Rosi begraben worden war? Jockel dachte angestrengt nach – ja richtig: Peter hatte immer eine himmelblaue Pudelmütze getragen, auch seine Augen waren hellblau gewesen. Vermutlich würde Peter an einem blauen Kreuz die größte Freude haben! Und Konrad? Und Dorle?
Jockel brauchte beinahe eine Stunde, um für jedes Kreuz die rechte Farbe zu ersinnen. Dann lief er wieder zum Maler und kaufte für sein restliches Geld neun kleine Büchsen mit den verschiedensten Farben. Fast den ganzen Nachmittag verbrachte er mit dem größten Vergnügen auf dem Friedhof und bemalte die dunklen Holzkreuze der verstorbenen Kinder. Er stellte sich vor, wie sie ihm aus ihrer Himmelshöhe zusähen und sich über seinen Eifer genauso freuten wie Rosi.

Gerade als er den Querbalken des letzten Kreuzes anstrich, hörte er sich unversehens von einer Männerstimme beim Namen gerufen: »Jockel! Um alles in der Welt – was tust du da?«
Jockel blickte verstört von seiner Arbeit auf. Auf dem Kiesweg, der an den Gräbern vorbeiführte, stand hoch und dunkel mit entsetzt ineinander verkrampften Fingern der Herr Pfarrer. Er starrte so erschrocken auf die bunten Kinderkreuze, daß Jockel zum erstenmal an diesem Tage so etwas wie Gewissensbisse empfand. Ratlos ließ er die Hand mit dem Pinsel sinken.
»Ich ... ich wollte ja nur ...«, stotterte er, wußte aber nicht weiter. Mit zwei, drei Schritten eilte der Pfarrer auf ihn zu und packte ihn an den Schultern.
»Jockel! So erkläre mir doch, was das bedeuten soll! Meine Güte, die Angehörigen werden morgen, wenn sie die Gräber sehen, außer sich sein!«
»Aber es sah doch alles so traurig aus«, stieß Jockel hervor, »und das war doch ganz falsch!«
Der Pfarrer sah ihn aufmerksam an. »Was war falsch, mein Junge?«
Jockel deutete mit dem Pinsel auf seine kunterbunten Grabkreuze und sagte: »Zuerst wollte ich ja nur Rosis Kreuz anmalen. Zur Überraschung! Als Sie Rosi beerdigten, sagten Sie doch selbst, daß sie wie eine Blütenknospe gewesen sei. Und dann fiel mir ein, daß die andern sicher auch eine Freude hätten, wenn ich ihre Kreuze bunt anmalte. Peter mochte doch blaue Sachen so gern, und bei Konrad mußte alles immer rot sein. Und Dorle hat das Korn und die Sumpfdotterblumen so gern gemocht. Darum habe ich ihr Kreuz gelb angemalt ...«
»Und Angela?« fragte der Pfarrer.
»Angela war doch die Tochter vom Förster und spielte am liebsten mit Moos. Sie brachte uns allen jedes Jahr das Moos für die Osternester. Außerdem ging sie ja so gern im Wald spazieren. Ich dachte mir, grün ist das Richtige für sie. Und für das nächste habe ich weiß genommen, weil doch ein ganz kleines Baby in dem Grab liegt ...«
Während Peter sprach, ging der Pfarrer mit ihm von Grab zu Grab. Jockel konnte von jedem der verstorbenen Kinder etwas erzählen; er redete von ihnen, als wären sie gar nicht tot, als wäre es schön und erheiternd, an sie zu denken und von ihnen zu sprechen – und der Pfarrer hörte ihm mit großer Aufmerksamkeit zu. Erst als Jockel fertig war, sah er ihn lächelnd an und sagte: »Mach dir keine Sorgen, Jockel. Ich will noch heute zu den Angehörigen der Kinder gehen

und ihnen beibringen, was sich hier ereignet hat, damit sie morgen vor Schreck nicht umfallen, wenn sie die Kreuze sehen.«
»Daran hatte ich gar nicht gedacht«, sagte Jockel kleinlaut. Der Pfarrer nickte: »Schon gut, Jockel. Das Wichtigste ist ja, daß die kleinen Verstorbenen in deinem Herzen so wenig tot sind wie in der Ewigkeit. Nun beendige deine Arbeit, ehe dir die Farbe eintrocknet!«
Zur selben Stunde noch ging der Pfarrer zu den Eltern der verstorbenen Kinder und bereitete sie auf die Überraschung vor. Und wenn auch einige von ihnen die bunten Kreuze nicht gerade schön fanden, begriff doch jeder, was Jockel damit hatte ausdrücken wollen.
Seitdem sind etliche Jahre vergangen. Jeder Fremde, der auf diesen Friedhof kommt, wundert sich über die farbenfrohen Kindergräber, und wer danach fragt, von wem dieser Einfall eigentlich stamme, bekommt immer wieder die gleiche Antwort: »Von Jockel Kreuzmaler.«

Eva Rechlin-Bartoschek

(4) Das Kreuz des Jesus Christus

Das Kreuz des Jesus Christus
durchkreuzt was ist
und macht alles neu

Was keiner wagt, das sollt ihr wagen
was keiner sagt, das sagt heraus
was keiner denkt, das wagt zu denken
was keiner anfängt, das führt aus

Wenn keiner ja sagt, sollt ihr's sagen
wenn keiner nein sagt, sagt doch nein
wenn alle zweifeln, wagt zu glauben
wenn alle mittun, steht allein

Wo alle loben, habt Bedenken
wo alle spotten, spottet nicht
wo alle geizen, wagt zu schenken
wo alles dunkel ist, macht Licht

Das Kreuz des Jesus Christus
durchkreuzt was ist
und macht alles neu

Lothar Zenetti

Aus: Lothar Zenetti, Auf Seiner Spur. Topos Plus Taschenbuch 327, © Matthias-Grünewald-Verlag, Mainz, 2. Aufl. 2001.

(5) Die Kreuzschau

Gott hatte Erbarmen mit einem Menschen, der sich über sein zu schweres Kreuz beklagte. Er führte ihn in einen Raum, wo alle Kreuze der Menschen aufgestellt waren, und sagte ihm: »Wähle!« Der Mensch machte sich auf die Suche. Da sah er ein ganz dünnes, aber dafür war es länger und größer. Er sah ein ganz kleines, aber als er es aufheben wollte, war es schwer wie Blei. Dann sah er eins, das gefiel ihm, und er legte es auf seine Schultern. Doch da merkte er, wie das Kreuz gerade an der Stelle, wo es auf der Schulter auflag, eine scharfe Spitze hatte, die ihm wie ein Dorn ins Fleisch drang. So hatte jedes Kreuz etwas Unangenehmes. Und als er alle Kreuze durchgesehen hatte, hatte er immer noch nichts Passendes gefunden. Dann entdeckte er eins, das hatte er übersehen, so versteckt stand es. Das war nicht zu schwer, nicht zu leicht, so richtig handlich, wie geschaffen für ihn. Dieses Kreuz wollte er in Zukunft tragen. Aber als er näher hinschaute, da merkte er, daß es sein Kreuz war, das er bisher getragen hatte.

Legende aus dem Mittelalter

4. Lieder/Tanz und Musik

(1) Ihr Freunde, laßt euch sagen

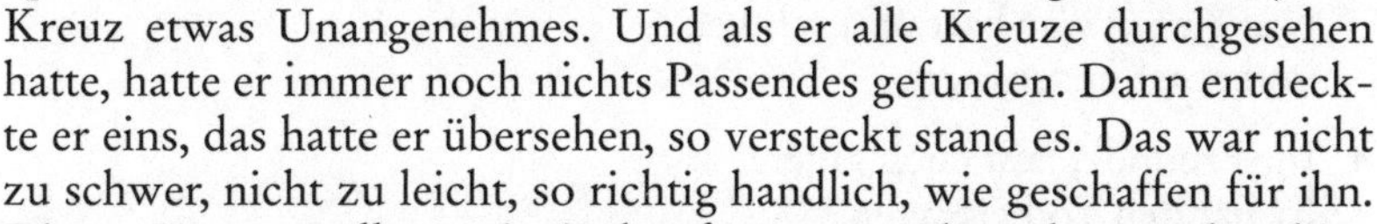

2. Ihr Freunde, laßt euch sagen:
   Er hat das Kreuz getragen.
   Uns ist das Herz so schwer,
   und er ist unser Herr.

3. Ihr Freunde, laßt euch sagen:
   Er war ans Kreuz geschlagen.
   Das Kreuz war hart und schwer,
   und er ist unser Herr.

4. Ihr Freunde, laßt euch sagen:
   Er hat den Tod ertragen.
   Uns ist das Herz so schwer,
   und er ist unser Herr.

5. Ihr Freunde, laßt euch sagen:
   Er hat den Tod geschlagen.
   Den Tod besiegte er.
   So stark ist unser Herr!

T: Rolf Krenzer M: Paul G. Walter
Aus: Gott, du bist ja bei mir

Spielanleitung:

Alle stehen im Kreis. Zu jeder Strophe werden beschreibende Bewegungen gemacht.
1. Str.: Die Bewegung des Schlagens
2. Str.: Die Bewegung des Lastentragens

3. Str.: Alle breiten die Arme aus und stehen wie ein Kreuz.
4. Str.: Alle hocken sich hin und verbergen den Kopf in den Armen.
5. Str.: Alle stehen auf, heben die Arme und drehen sich um sich selbst.

(2) Wer befreit ist

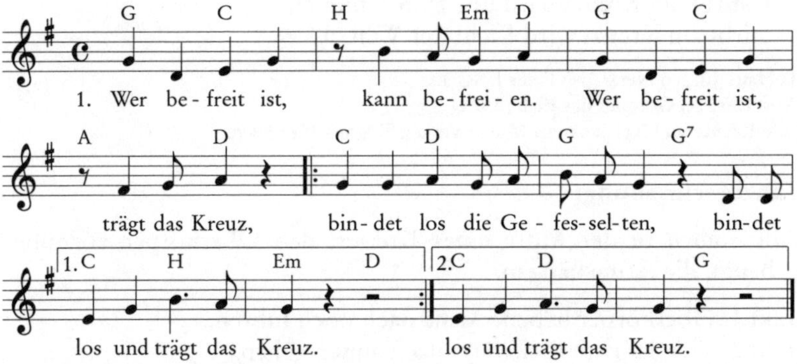

2. Wer befreit ist, kann befreien.
   Wer befreit ist, trägt das Kreuz,
   |: schafft das Recht den Verurteilten,
   schafft das Recht und trägt das Kreuz. :|

3. Wer befreit ist, kann befreien.
   Wer befreit ist, trägt das Kreuz,
   |: wird die Kraft den Kraftlosen,
   wird die Kraft und trägt das Kreuz. :|

4. Wer befreit ist, kann befreien.
   Wer befreit ist, trägt das Kreuz,
   |: wird die Hand den Hilflosen,
   wird die Hand und trägt das Kreuz. :|

5. Wer befreit ist, kann befreien.
   Wer befreit ist, trägt das Kreuz,
   |: bringt das Leben den Totgesagten,
   bringt das Leben und trägt das Kreuz. :|

6. Wer befreit ist, kann befreien.
   Wer befreit ist, trägt das Kreuz,
   |: nimmt sich an der Lebenden,
   nimmt sich an und trägt das Kreuz. :|

7. Wer befreit ist, kann befreien.
   Wer befreit ist, trägt das Kreuz,
   |: stirbt am Kreuz, wird uns zum Himmel,
   stirbt am Kreuz, wird Licht der Welt. :|

T: Hans-Jürgen Netz M: Peter Janssens
Aus: Ehre sei Gott auf der Erde, 1974

Tanzbeschreibung:

Alle stehen in der Mitte eines Kreises, den Oberkörper vornüber gebeugt, die Arme hängen.

Takt 1: Oberkörper heben, Arme nach oben führen.
Takt 2: Vier Schritte rückwärts nach außen gehen.
Takt 3: Vier weitere Schritte nach außen, dabei sich um sich selbst drehen.
Takt 4: Weiter drehen, dabei die Arme zum Kreuz zur Seite strecken.
Takt 5-8: Handfassung zum Kreis, acht Schritte rechts herum gehen.
Wiederholung: Acht Schritte in die Mitte, zurück zur Ausgangsstellung.

(3) Lieder aus dem Gotteslob

- O du hochheilig Kreuze, Nr. 182
- Seht das Kreuz, Nr. 204,2
- Im Kreuz ist Heil, Nr. 205

(4) Verklanglichung: verschiedene Kreuze

Alle sitzen im Kreis. In der Mitte liegen unterschiedliche Darstellungen von Kreuzen. Orffinstrumente stehen greifbar in der Nähe, wenn genügend Platz ist, auch in der Mitte.
Eine/r hält ein Kreuzesbild in die Höhe, und jemand versucht, zu dieser Kreuzesdarstellung eine kleine Melodie oder ein passendes Geräusch zu finden (Leidenskreuze, Triumphkreuze, Kreuze aus Holz, aus Metall ...).

(5) Musik zum Anhören

- Passionen alter Meister, besonders die Teile mit der Kreuzigung Jesu
- Jesus Christ Superstar: die Kreuzigungsszene

5. Bilder

- Fotos von unterschiedlichen Kreuzesdarstellungen:
  - Leidenskreuze
  - Kreuze aus verschiedenen Epochen
  - Holzkreuze
  - Triumphkreuze
  - Schmuckkreuze
  - Wegkreuze
  - Friedhofskreuze

- Das Kreuz von Tamanrasset
  Aus: Joseph Hopfgartner, Das Kreuz, das in den Himmel wächst (Bild-Meditation), missio-aktuell Verlag, Aachen 1982.

- Auferstehung (Foto von Conrad Contzen)
  tvd Verlag, Düsseldorf.

- künstlerische Darstellungen von Kreuzen aus allen Jahrhunderten; einige Beispiele:
  - Isenheimer Altar: Kreuzigung
  - Thomas Zacharias: Auferstehung (Linolschnitt)
    Aus: Bilder zum Glaubensbuch, Patmos Verlag, Düsseldorf 1983.
  - Vortragskreuz aus dem Münsterschatz Essen
    Aus: Wilhelm Böhm, Lieder, Texte und Bilder zum Kirchenjahr II, av-edition, München/Offenbach.
  - Marc Chagall: Weiße Kreuzigung
  - Das Kreuz des Franz von Assisi
  - Scheibenkreuze ...

6. Gestalten/Malen/Basteln

(1) Gestaltung der Mitte

- ein einfaches Holzkreuz auf einem roten Tuch
- ein Kreuz aus braunem oder schwarzem Tonpapier
- ein Kreuz, aus Tüchern gelegt
- auf einem Tuch unterschiedliche Kreuze oder Bilder von unterschiedlichen Kreuzesdarstellungen

(2) Bilder nachmalen

Material:
Farben und Farbstifte aller Art, evtl. Wasser und Pinsel, Papier

Methode:
Ein Bild wird miteinander betrachtet und besprochen, anschließend von den Teilnehmer(inne)n nachgemalt. Hierzu eignen sich folgende Bilder (siehe Abschnitt 5):
- unterschiedliche Kreuzesdarstellungen
- Thomas Zacharias: Auferstehung
- Das Kreuz des Franz von Assisi

(3) Bilder malen

Material:
Farben und Farbstifte aller Art, evtl. Wasser und Pinsel, Papier

Zu folgenden Themen können Bilder gemalt werden:
- Kreuze
- das Kreuz in unserer Kirche
- Jesus trägt sein Kreuz
- Jesus stirbt am Kreuz
- Am Kreuz wird es hell (Abschnitt 3 Nr. 2)
- Der Friedhof von »Jockel Kreuzmaler« (Abschnitt 3 Nr. 3)

(4) Collage: Das Kreuz aus Kreuzen

Material:
braunes Tonpapier, weißes Papier, Zeitungsbilder, Scheren, Klebstoff

Methode:
Braunes Tonpapier wird als großes Kreuz zusammengeklebt.
Aus weißem Papier werden kleine Kreuze ausgeschnitten, auf die noch kleine Zeitungsfotos passen. (Man kann diese kleinen Kreuze auch erst dann schneiden, wenn man die Fotos hat und die Größe dann den einzelnen Fotos anpassen.)
Aus Zeitungen werden kleine Fotos ausgeschnitten, auf denen Kreuze unserer Zeit abgebildet sind: Alles, worunter Menschen leiden oder wodurch menschliches Leben bedroht ist. Diese Fotos werden auf die kleinen weißen Kreuze geklebt. Die weißen Kreuze werden auf das große braune Tonpapierkreuz gelegt und in bildlich sinnvoller Weise angeordnet und aufgeklebt.

(5) Kreuz gestalten

Material:
braune Tücher oder Tonpapier, bunte Steine, Perlen, Tuchstreifen, Holzkugeln, Blumen ...

Methode:
In die Mitte wird aus braunen Tüchern (oder Tonpapier) ein großes Kreuz gelegt. Dieses Kreuz wird dann mit den anderen zur Verfügung stehenden Materialien verziert und ausgeschmückt, so wie es den Teilnehmern und Teilnehmerinnen gerade einfällt.

(6) Kreuzweg gestalten

Material:
braune Tücher oder Tonpapier, Papier, Stifte, Zeichen für einzelne Kreuzwegstationen

Methode:
In der Mitte liegt ein großes braunes Kreuz aus Tüchern oder Tonpapier. Miteinander werden die Stationen (oder einzelne ausgewählte Stationen) angesehen, gebetet oder besprochen.
Zu jeder Station malen die Teilnehmer/innen ein Bild oder wählen ein bestimmtes Zeichen aus, das dann auf das große Kreuz in der Mitte gelegt wird.

(7) Kreuze aus Knetmasse formen

Material:
Ton, Fimo oder eine andere haltbare Knetmasse

Methode:
Aus der Knetmasse wird ein Kreuz geformt und gebrannt oder getrocknet.

(8) Kreuze aus Hölzern bilden

Material:
Äste/Zweige/Holzscheite, Schnur

Methode:
Zwei Äste oder Zweige werden über Kreuz aufeinander gelegt und im Kreuzpunkt mit dem Bindfaden verknüpft.

(9) Kreuz aus Streichhölzern

Material:
Pappe, Streichhölzer, Klebstoff, Lineal

Methode:
Aus Pappe wird ein ca. 4 cm breites Kreuz geschnitten, das 20 cm lang (Längsbalken) und 15 cm breit (Querbalken) ist.
Im Kreuzmittelpunkt wird ein Quadrat mit Diagonalen gezeichnet. Wenn man möchte, kann man jetzt die Streichhölzer abbrennen, so daß die Spitzen verkohlt sind. Die Pappe wird abschnittweise mit Klebstoff bestrichen. Darauf werden die Streichhölzer mit den Köpfen nach außen vom Mittelpunkt an in die vier Richtungen des Kreuzes dicht nebeneinander gelegt.

7. Stilleübungen

L = Leiter/in; TN = Teilnehmer/in(nen). Jede freie Zeile im Sprechtext bedeutet eine längere Sprechpause.

(1) Kreuzbalken

Alle stehen im Kreis. In der Mitte liegen zwei große Holzbalken, die zu einem Kreuz zusammengefügt werden können.

– Längsbalken: Kraft von oben, Kraft von unten

Zunächst nehmen zwei den Längsbalken auf und stellen ihn senkrecht.

L spricht:
Ich kann entlang des Balkens eine Linie ziehen.
Die Linie hat eine Richtung: nach oben.
In Gedanken kannst du wie in einer Rakete
nach oben fliegen: (Blicke einmal nach oben ...)
Du steigst in die Höhe:
Zugspitze, höchster Berg Deutschlands, –
Mount Everest, höchster Berg der Welt, –
noch höher: über alle Wolken,
über alle Sterne, –
bis ans Ende des Weltalls.
Die Menschen spüren: es geht noch weiter,
über dem Weltall ist immer noch Gott,
der Unendliche, der Ewige, – unser Schöpfer.
Gott ist größer, höher als alles, was es gibt.
Er reicht bis zu uns herunter,
er hält uns, hält uns in jeder Sekunde am Leben.
Die Kraft aus der Höhe
zieht uns nach oben,
sie macht alles leichter,
sie macht unser Leben leichter.

Die Linie nach oben führt auch nach unten: in die Tiefe.
Denke dir, du dringst in die Erde ein; ein Bohrloch;
immer tiefer;

durch unsere Erde hindurch;
noch tiefer, bis ans Ende des Weltalls.
Gott ist noch tiefer, noch größer.
Für Gott ist oben und unten, hoch und tief ein und dasselbe.
Er ist immer größer, weiter, tiefer.
Die Kraft von unten spüren wir auf dem Boden:
Spüre den Boden durch deine Schuhsohlen hindurch!
Der Boden trägt dich;
er trägt dich jetzt im Augenblick;
er trägt dich, wenn du gehst, stehst, sitzt, liegst – oder fällst.
Er trägt dich immer.
Und wenn du alt und grau wirst,
wird er dich tragen.
Und wenn du tot bist,
wird er deinen Körper aufnehmen und verwandeln.

Die Kraft aus der Höhe
und die Kraft aus der Tiefe
sind im senkrechten Balken vereint.
Du kannst diese Kraft in dich aufnehmen.
Diese Kraft hält dich, wenn du dich von ihr halten läßt.
Wenn du den Balken losläßt,
fällt er hin; so kann er dich nicht halten.
Du mußt ihn festhalten,
dann wird er dich festhalten.
Nur, was du festhältst,
kann dich festhalten.
»Halte dich an Ihm fest, er ist ja dein Leben.« (Dtn 30)

Wir können uns gemeinsam an ihm festhalten;
er hält uns alle zusammen.
Er ist unser Zusammen-Halt.
Wenn Menschen zusammenhalten wollen,
brauchen sie etwas, das sie zusammen halten:
Gott ist unser »Zusammenhalter«.
Ohne Gott können Menschen, Freunde, nicht zusammenhalten;
sie fallen auseinander und werden einsam.

– Querbalken: Kraft von der Seite, Beistandskraft

Zwei nehmen den Querbalken auf und halten ihn waagerecht in die Höhe.

L spricht:
Ich kann entlang des Balkens eine Linie ziehen.
Die Linie hat eine Richtung: nach links, nach rechts
(nach vorne, nach hinten).
Die Linie erreicht meinen Nachbarn,
sie erreicht alles, was es gibt auf der Welt: Häuser, Bäume, Berge.
Die Linie verbindet alles, was neben mir ist;
bis ans Ende der Welt.
Und dann ist wieder Gott noch da.
Wer neben mir steht,
wer bei mir steht,
der kann mir bei-stehen.

»Wenn du mir beistehst,
fürcht' ich kein Unheil,
alles ist heiter, alles ist gut.«
Gott steht dir immer bei
durch Menschen, die bei dir stehen,
und durch viele andere Geschöpfe.
Auch du stehst bei anderen
und kannst anderen beistehen.
Du kannst dich anlehnen
und andere anlehnen lassen:
wir stützen einander, wenn wir einander beistehen.

Im Querbalken
kannst du die Beistehekraft oder Stützkraft spüren:
(Zwei Kinder halten links und rechts den Balken.)
Du kannst dich anlehnen.
Wenn du müde, schwach oder krank bist,
wenn dir schlecht wird,
kannst du immer noch selber stehen,
wenn du dich anlehnen kannst.
An Gott kann sich jeder anlehnen.
An Gott kann sich jeder immer anlehnen;
Gott geht nie weg, er hält alle und alles aus.

– Vereinigung zum Kreuz

Wieder nehmen zwei den Längsbalken auf und halten ihn hinter den Querbalken, so daß ein Kreuz entsteht.

L spricht:
Die zwei ganz verschiedenen Richtungen,
»kreuz und quer«,
senkrecht und waagrecht
sind eins geworden im Kreuz.
Der Kreuzungspunkt liegt nicht mehr
auf der senkrechten *oder* auf der waagrechten Linie,
er liegt *sowohl* auf der einen *als auch* auf der anderen Linie.
Die zwei Balken sind nur die zwei Gegen-Teile
von dem einen Kreuz.
Unser Leben hat viele Gegen-Teile,
die im Leben zusammengehören:
Leben und Tod,
Freude und Leid,
Lust und Schmerz,
Vorteile und Nachteile.
In allen Gegen-Teilen wirken Lebenskräfte.
Wer alle Gegenteile zusammennimmt,
und »sein Kreuz trägt«
(und »seine Kreuze trägt«),
der spürt die ganze Kraft des Lebens,
der lebt jetzt schon im »ewigen Leben«.

(2) Wir sind wie ein Kreuz

In der Mitte liegt auf einem Tuch ein Kreuz mit einem Korpus, an dem Jesus die Arme weit ausbreitet.
Alle stellen sich so um das Kreuz, daß genügend Abstand da ist, damit jede/r ungestört die Arme weit ausbreiten kann.

L spricht:
Wenn Du gerade stehst
und Deine Arme ausbreitest,

dann bildet
Dein Körper ein Kreuz.
Deine Hände strecken sich
den anderen entgegen,
und Dein Kopf
weist »nach oben«,
hin zu Gott.
Das sind die beiden
wichtigsten Richtungen
in unserem Leben:
zu Gott und
zu den anderen Menschen.
In Deinem Herzen
können sich
diese beiden Achsen treffen.
Dann hast Du
mit Jesus
vieles gemeinsam.
Er breitete
seine Arme weit aus,
um viele zu umarmen.
Er streckte seine Hände
den Menschen entgegen,
um ihnen zu helfen.
Er hielt sich aufrecht,
auch als es gefährlich wurde.

Das ist schon merkwürdig:
Wer Hand und Fuß,
Kopf und Herz einsetzt
für Gott und die Menschen,
der kann Ärger bekommen,
der wird vielleicht verfolgt,
der spürt das Kreuz deutlich.
Ganz so wie Jesus.

Aus: Bistum Essen, Von Aschermittwoch bis Ostern. Ein Wegbegleiter für die ganze Familie, Verlag Ferdinand Kamp, Bochum 1989.

8. Spiel und Aktion

(1) Kreuze in Kirchen ansehen

Gemeinsam die Kirchen einer Stadt besichtigen und sich dort besonders die Kreuze ansehen. Die Kreuze evtl. abzeichnen oder fotografieren und hinterher miteinander vergleichen.

(2) Wanderung mit Kreuzungen

Gemeinsam eine Wanderung machen, die an vielen Kreuzungen vorbeiführt. Die Teilnehmer/innen sollen immer selbst entscheiden, wo der Weg weitergeht, der zu einem bestimmten Ziel führt.

(3) Kreuzweg

Miteinander einen Kreuzweg gehen und beten.

(4) Kreuztracht

In manchen Städten werden traditionell »Kreuztrachten« in der Nacht von Gründonnerstag auf Karfreitag durchgeführt. Es kann sinnvoll sein, einmal an einer solchen Kreuztracht teilzunehmen und über die Kreuze nachzudenken, die Menschen heute bedrücken.

(5) Wegkreuze

Gemeinsam eine Wanderung machen, die an vielen Wegkreuzen vorbeiführt. An diesen Kreuzen stehenbleiben, sie ansehen und ein kurzes Gebet sprechen.

(6) Gipfelkreuz

Auf der Spitze eines kleinen Hügels wird ein Kreuz aufgestellt. Zu diesem Kreuz laufen alle um die Wette.

(7) Wege kreuzen sich

Auf dem Fußboden sind durch Schnur oder Tesakrepp verschlungene Wege gelegt, die sich oft kreuzen. Diese Wege gehen alle nach. Wenn zwei sich begegnen, unterhalten sie sich kurz oder machen sich bekannt und gehen dann weiter, bis sie wieder jemandem begegnen.